AO入試・推薦入試対策

大学受験 文系大学・学部の志望理由書の書き方

神崎史彦 著

文英堂

## 著者の思いと本書の特長

　私の前著**『看護医療技術系の志望理由書の書き方』**では，しっかりとした志望理由書が書けるようになるための，いわば「日本初」ともいえる試みを多数盛り込みました。そうしたところ，受験生や高校の先生方から高い評価をいただいております。特に，**ワークシート**を用いることで手軽に，しかも深く志望理由書の内容を練ることができる点が評価されているようで，著者としては望外の喜びです。

　このように，皆さんに喜んでいただける参考書を出せたことには，実は理由があります。それは，私自身がAO・推薦入試で大学に入学した経験を持っているからです。当時はAO入試や推薦入試が今ほど一般的ではなかったので，志望理由書を書くにあたっては，ほとんど手探り状態で苦労したことをハッキリ覚えています。ですから，志望理由書を考えたり，書いたりすることの困難や辛さは，誰よりもわかっていると自負しています。そして，志望理由書の書き方についての私の指導は，その時の試行錯誤の過程が基になっています。そこに，私の専門分野でもあるキャリアデザインの手法を加え，さらに進化させたのが，本書でも展開している**「カンザキ・メソッド」**とでもいえるものです。このメソッドでは，志望理由書を作成するときに起こりうるさまざまな問題点の確かな解決法を示し，受験生の皆さんが確実に，しかも**「合格できる志望理由書」**を書けるようになることを目指しています。

　前著の発刊以来，いろいろなところから「カンザキ・メソッドを使ってぜひ講義をしてほしい」という依頼を受けることが多くなりました。少しでもお役に立てるならと，ヘルメス論文ゼミや予備校（一橋学院）での指導の傍ら，時間の許す限り，全国各地の高校や「大学フェア」（フジテレビ主催）で講演をさせてもらっています。そのほかにも，大手資格試験予備校（LEC東京リーガルマインド）においても志望理由書講座（法科大学院入試対策）を担当し，その講義の模様は全国各地に配信されています。このように，「カンザキ・メソッド」が多くの人たちに受け入れてもらえ，いくらかでもお役に立てていることを率直に嬉しく思っています。

　その間にも，「一般の大学のAO入試や推薦入試に対応した参考書を出してほしい」とか「文系の受験生のための志望理由書の参考書を作ってほしい」という声が多く寄せられました。その背景には，AO入試や推薦入試を実施する大学が急増している現実があると思われます。つまり，AO入試や推薦入試が全国の大学

に浸透し，受験生にとって身近で切実な受験方法となってきたのです。しかし，だからといってAO・推薦受験がやさしくなったというわけではありません。身近な存在になるにつれて，大学側の「学生を選抜する目」も肥えてきているからです。というのも，AO・推薦入試では志望理由書を主な選抜材料にしていますが，よい志望理由書を見抜くノウハウは大学側に蓄積され，年々進歩しているからです。当然，参考書をそのまま写したようなものや他人に書いてもらったものはもちろんのこと，志望理由が安易なものなどはしっかりと見抜かれて，容赦なく不合格にされます。いまや**小手先のテクニックで書いた志望理由書は通用しない**のです。逆に，自分自身と真剣に向き合って考えた志望理由書を提出した受験生は，確実に合格しています。最近ではAO・推薦入試でも併願する受験生が増えているのですが，志望理由をじっくりと練った受験生は複数の大学に合格しています。つまり，当然のことながら，やはりよい志望理由書が書けるかどうかが合否の分かれ目となるのです。

このような現実がありながら，世に出回っている志望理由書の参考書の大半はテクニック重視のものがほとんどであり，それらを使ってもしっかりと志望理由を練ることはできないといわざるを得ません。つまり，AO入試・推薦入試の現状に合っていないのです。こういった現実を踏まえ，前著『看護医療技術系の志望理由書の書き方』で得た評価を糧にして，一般大学の文系受験者向けに著したのが，本書**『文系大学・学部の志望理由書の書き方』**です。本書は『看護医療技術系の志望理由書の書き方』を土台にはしていますが，その後いただいた現場の先生方の声などをもとに改良を加え，さらにパワーアップさせました。文系大学・学部に特有の解説を盛り込むだけでなく，私自身の体験も含め，**数多くの先輩たちの生きた事例**を取り上げ，より具体的な内容にしています。もちろん前著と同様に，手順に沿ってワークシートに取り組んでいけば，あなただけの確かな志望理由書を書き上げることができるようになっていることはいうまでもありません。

また本書は，**信頼性が高い参考書**を目指しています。キャリアデザインに関する理論にのっとり，正しい志望理由書を書くことができるようにしてあります。さらに，実際に文系大学・学部に合格した先輩たちや高校の先生方のほか，キャリアデザインの専門家，有資格者，大学の入試担当者など，実際にAO入試や推薦入試に関わったことのある多くの方々の協力を得て作成しています。「これを書けば受かる」「読むだけで書ける」などとうたっている，いわば「付け焼刃的技法」の志望理由書の参考書とは違います。

本書『文系大学・学部の志望理由書の書き方』で，**あなたらしさがキラリと光る志望理由書**が書けて，晴れて合格できることを確信しています。

神﨑　史彦

# もくじ

## Section 1 文系・大学入試と志望理由書

### part 1 文系大学・学部の入学試験のスタイル

1. 一般入試には学科試験が課せられ，その結果が合否を左右する —— 8
2. 推薦入試やＡＯ入試は早期に実施。書類審査・小論文・面接で判定される —— 8

### part 2 志望理由書とはどんなものか

1. 志望理由書とは，その学校を志望する理由を書くための書類 —— 10
2. どのように書けば，「受かる志望理由書」になるか —— 10
3. 志望理由書を書くことには，もう１つの理由がある —— 12
4. 自己推薦入試なら自己推薦書が必要になる —— 13
5. キャリアデザインの専門家に相談しよう —— 14

## Section 2 志望理由書に書く内容

### part 1 志望理由書には何を書けばよいか

1. 「夢を定めた理由」にはどんなことを書くか —— 16

**2** 「学校を選んだ理由」には どんなことを書くか ——————20

**3** 志望理由書を提出させる理由は ここにある ——————22

● 志望理由書の話の流れは，このように作ろう ——————24

## Part 2 志望理由書の中身を練ろう

**1** 「夢を定めた理由」を明らかにする ——————26
  ◇ Step 1　実現したい夢を仮に定める ——————26
  ◇ Step 2　夢を得たきっかけを明らかにする ——————42
  ◇ Step 3　夢に至る道のりを確固たるものとする ——————47
  ◇ Step 4　実現したい夢を明らかにする ——————59
  ◇ Step 5　夢を定めた理由をまとめる ——————61

**2** 「この学校を志望する理由」を明らかにする ——————64
  ◇ Step 6　学校の特徴を調査する ——————64
  ◇ Step 7　夢が実現できるかどうかを検討する ——————67
  ◇ Step 8　この学校を志望する理由をまとめる ——————69

## Part 3 志望理由書を書いてみよう

**1** 志望理由書だけならこう書こう ——————71

**2** 自己推薦書だけならこう書こう ——————74

**3** 志望理由書と自己推薦書の 両方の場合はこう書こう ——————76

**4** 他のことについて問われた場合は こう書こう ——————80

**5** プレゼンテーションシートには こう書こう ——————82

#  実際の書式の書き方と提出

## Part 1 実際に書く時の注意点

**1** 筆記具の選び方と，原稿用紙の使い方 ——— 86

**2** 文章を書く時の表現や表記上の基本的なルール ——— 88

## Part 2 いよいよ提出。書類は揃っているか

**1** 提出書類に不備がないか，最終チェックしよう ——— 92

**2** いよいよ提出。こんなところに注意しよう ——— 93

##  私はこの志望理由書で合格した

- ◆ Aさんの場合（法政大学文学部日本文学科） ——— *96*
- ◆ Bさんの場合（鎌倉女子大学児童学部子ども心理学科） ——— *98*
- ◆ Cさんの場合（東京家政学院大学人文学部人間福祉学科介護福祉専攻）——— *101*
- ◆ Dさんの場合（成蹊大学経済学部） ——— *104*
- ◆ Dさんの場合（併願・慶應義塾大学総合政策学部） ——— *106*
- ◆ Kさんの場合（法政大学法学部法律学科） ——— *109*

## ［別冊］ワークシート

# Section 1
# 文系・大学入試と志望理由書

文系学部の入試における志望理由書が持つ意味と,占める位置や重要性とは。

# part 1
# 文系大学・学部の入学試験のスタイル

　文系にしろ理系にしろ，大学に入学するためには，当然のことながら入学試験（入試）を突破しなければなりませんが，その入試には大まかに分けて2つのスタイルがあります。**一般入試**と**推薦入試・AO入試**です。これらにはどのような違いがあるのか，また，それぞれを受験するためにはどのような準備が必要なのかについて，まず初めに明らかにしておきましょう。

## 1　一般入試には学科試験が課せられ，その結果が合否を左右する

　一般入試は，主な判定材料として**学科試験**（英語，国語，地歴・公民など）を用いる一般的な入試スタイルです。試験はふつう，1月から3月に行われます。その時，国公立大学や多くの私立大学では，1次試験として**大学入試センター試験**を課し，2次試験で各大学独自の試験を課します。そのほかの私立大学では，各大学独自の学科試験だけを課し，その結果で合否の判定をします。

## 2　推薦入試やAO入試は早期に実施。書類審査・小論文・面接で判定される

### 推薦入試やAO入試は秋に実施

　一般入試に対して，比較的早い時期に行われるものに**推薦入試**や**AO入試**がありま

す。これらの試験は夏休み前後ごろから出願し，秋を中心に試験があり，その年のうちに合格者が発表されるのが一般的です。これらの入試では，

　　　　**高校での学業成績　書類審査(多くは志望理由書)　小論文　面接**

が選抜手段として使われ，その結果で合否が決まります。(小論文にかえて，英語等の筆記試験が行われる学校もあります。)

## 指定校推薦入試では，推薦枠があるかどうかが問題

　**指定校推薦**とは，大学・短大・専門学校がある特定の高校を指定して，その高校が推薦した生徒にいわば特権的に入学してもらう入試スタイルです。ですから，指定校推薦での合格を目指す人は，まずは自分が通っている高校に，**志望する学校からの推薦枠**があるかどうかを確認する必要があります。

　また**推薦枠の数が限られています**。そしてほとんどの学校では，当然のことですが，**高校での成績が優秀であること**を条件としています。とくに人気の学校の場合は，高校側で志望する生徒の中から成績がよりよい生徒を推薦しますので，指定校推薦を目指す場合は，ふだんからよい成績をあげておく必要があります。

## 公募制推薦入試は，原則的に誰でも応募できる

　**公募制推薦**は，より多くの人がチャレンジできる推薦入試で，高校の指定などはなく，**出願資格さえクリアすれば誰でも応募できます**。また，**自己推薦入試**というのは，公募制推薦入試の中で**自己推薦書(自己評価書)** が必要な場合を指します。なお自己推薦書とは，自分を志望校に推薦する(売り込む)ための書類のことです。

　公募制推薦は多くの場合，「成績」・「現役か否か」・「特筆すべき実績があるか」といった**出願資格**を課しています。現役高校生に限定して募集するところが多いようですが，学校によっては浪人生や社会人の出願を許可しているところもあります。いずれにしても，出願資格をきちんと確認しましょう。

## AO入試は受験者を多方面から評価する

　**AO入試**のAOとは，英語で「入学許可事務局」を示す**アドミッションズ・オフィス**(Admissions Office)の頭文字をとって命名したもので，日本語に適訳がないこともあってそのままで使われています。学力などの一面的な能力ではなく，入学許可事務局がチームを組んで受験者の能力をさまざまな側面から評価して合否を判定するという方法です。海外での成果をもとに，日本でも導入された新しい入試のスタイルで，最近多くの学校で採用されています。

# 志望理由書とは どんなものか

　大学入試の形式として，一般入試と推薦入試・AO入試の2種類があることを知りました。そして推薦入試やAO入試を受験する場合には書類選考があるわけですが，ほとんどの場合，その提出書類の中に**志望理由書**というものがあります。
　では，志望理由書とはどのようなものなのでしょうか。

## 1 志望理由書とは，その学校を志望する理由を書くための書類

　志望理由書とはその名の通り，**その学校を選んだ（志望した）理由を書くための書類**です。すなわち，「この学校に入りたい」といった単なる思いや希望だけではなく，「こういうわけで，この学校に入りたい」というように，**志望校に選んだ理由や動機**をきちんと説明するための書類なのです。その内容次第で合否が決まるという非常に重要なものです。このことはつねに頭に置いておいてください。

## 2 どのように書けば，「受かる志望理由書」になるか

### 2つの理由をハッキリ示す

　では，どのように書けば，試験官の先生方が納得してくれる志望理由書になり，晴れて合格となるのでしょうか。
　みなさんは，「こういう分野の勉強や研究がしてみたい」とか，もう少し将来まで見

通して,「こんな職業に就きたい」といった自分の夢や理想を持ち,それを実現するために大学へ進学しようと考えているはずです。言い換えれば,みなさんはその学校のことを**「自己実現のための場」**と捉えているのです。それならば率直に,

　**「この学校をこう活かせば,私のこういう夢に近づくことができる。だから,この学校に入学したい。」**

と訴えればよいのではありませんか。それを伝えるためには,志望理由書には**2つの理由**を示す必要があります。それは,

　　**なぜその夢を目指すのか　　（夢を定めた理由）**
　　**なぜこの学校を目指すのか　（この学校を志望する理由）**

の2つです。そしてこの2つの理由がきちんとストーリーとしてつながっているか（関連性があるか）どうかが合格のポイントともいえるのです。2つが**論理的に関連づけられ,内容が一貫したものに**なっていれば,試験官の先生方も納得して合格点をつけてくれるでしょう。

## 気持ちを込めて,自分の思いを伝える

　2つの理由では,どちらも深く考えた結果,本当に自分が納得したうえでその分野の勉強や研究をしようとしている,あるいは特定の職業に就こうとしているのであり,その目的実現のためにこの学校に入学しようと考えていることを,先生方にきちんと説明できなければなりません。そのため,**確固たる志望理由**にするために,「なぜ？」「どうして？」と内省してみたり,時には不足している体験を補うといった大変な作業が必要になることさえあります。

　**文章の体裁だけをいじくって美しく見せても,内容が伴っていないと説得力のある志望理由書にはなりません。**また,あまり深く考えたとは思えない内容であったり,打算的な動機をあげた志望理由書などは論外と見なされます。例えば,「先輩がよいと言ったから」とか「学校がきれいだから」,「偏差値が高い(低い)学校だから」,「学費が安いから」などの理由では,試験官の先生方に必ず「安易な学校選択をしている」と判断され,よい結果は得られません。

# 3 志望理由書を書くことには，もう1つの理由がある

## 目的意識が弱いと，学生生活も仕事も辛い

　志望理由を考えるときには内省，つまり**自分の過去の生き方や経験を振り返る**という大変な作業が伴いますが，それをすることは，いままさに自分の夢の実現に向かってスタートしようとしている受験生にとって，大きなメリットとなります。なぜなら，内省することで，今後の勉強や仕事を意欲的かつ主体的に進めていく時の糧になるからです。簡単にいえば，**学校や社会の中でがんばれる**ということです。

　高校とはちがい，大学では**自学自習の姿勢**が求められます。つまり，わからないことは自分で調べて勉強するという学習スタイルが基本となります。このとき，あなたに「こういった勉強や研究をしよう」という目的意識がないと，ただ課題や試験勉強だけをこなし，卒業単位さえ修得できればよいということになってしまいます。これだと，何のためにその大学に入学したのかがわからなくなり，その結果，**無意味な学生生活を送ってしまいがち**です。

　就職するについても同様です。どんな仕事でも，程度の差こそあれ肉体的にも精神的にもかなりの負担を覚悟しなければなりません。例えば，日々進歩する新しい技術の習得に追われたり，厳しい予定をこなすために過度の労働を強いられることなどは，そう珍しいことではありません。学生時代のような自由で気楽な態度では勤まりません。こんな時，**しっかりした目的意識がないとその仕事を続けるのが困難になり**，結果的に職を転々とすることにもなりかねません。これでは社会生活自体が苦しくなります。

## 今後の学問・研究や仕事をするときの糧になる

　こういう時に心の糧になるのが**志望理由**です。志望理由書を書く時には，過去の生き方や経験を思い起こし，自分を深く見つめ直しますが，そうすることで，

　**何のためにその分野の学問・研究をしようとしているのか**
　**なぜその職業に就こうとしているのか**
　**どんな理想を持って臨もうとしているのか**

などのことを改めて確認し，確固たるものにできるのです。その結果，厳しい学校生活や辛い仕事も将来の私にとっては重要なステップであると，肯定的に捉えることができるでしょう。さらに，「理想を実現するためには，ここでキャリアを積む必要があるのだ」と前向きに理解できるのです。そういう意識が生まれることによってモチベーションが上がり，**自主的かつ積極的に勉強や仕事を行うことにつながります**。

## 4 自己推薦入試なら自己推薦書が必要になる

### 自己推薦書には自分を推薦する理由を書く

　推薦入試の中には，**自己推薦入試**という形態もあります。この場合，「自己推薦書」（学校によっては**「自己評価書」**と称していることもあります）の提出を求められます。自己推薦書とは，**志望する学校に自分を推薦する理由**を述べた文章のことです。志望理由書と同じように，その受験生が自分の学校に入るのにふさわしいかどうかを学校側が判断する時の材料となります。

　入学するのにふさわしいとされる人物像は，厳密にいえば学校ごとに異なりますが，総じて「他の学生の模範となる資質があること」を挙げています。このことを受けて，自己推薦書には**「私はこの学校で学ぶべき理想的な学生だから推薦する」**という内容を書けばよいのです。

　では，「この学校で学ぶべき理想的な学生」とはどのような人なのでしょうか。それは，つね日頃から**その学問・研究分野に関心と向学心を持ち，将来はその成果を生かせる道に進むという確固たる目的を持っている人**に他なりません。その目的に近づくための手段としてこの学校を選んだということです。

### 書くための材料は志望理由書と同じ

　このように，自己推薦書でも
　　**なぜその夢（信念や目的）を目指すのか**
　　**なぜこの学校を選んだのか**
という２つのことについて説明する必要がありますが，そのための材料は志望理由書を書く時の材料とまったく同じです。「夢を定めた理由」を使えば前者を，「この学校を志望する理由」を使えば後者を，それぞれ説明できます。すなわち，

　　**こういう夢（信念や目的）を持ち，この学校でこういうことを学びたいと思っている私を推薦する**

というように表現すれば，自己推薦書が完成します。

　というわけで，自己推薦書が必要な人も，志望理由書の作成法と同じ手順を踏んで中身を練ればよいのです。

　ただし，自己推薦書の構成や表現方法は，志望理由書といくらか異なります。そのことについては「**part 3　志望理由書を書いてみよう**」（p.74）で説明してありますので，参考にしてください。

# 5 キャリアデザインの専門家に相談しよう

　本書では**ワークシート**を使い、志望理由をひとりでじっくり練りながら書けるように配慮してあります。しかしながら、誰かに見てほしい、教えてほしいと感じる時があるかもしれません。例えば、自分だけで作成すると、ともするとひとりよがりの内容になりがちです。すると、試験官の先生方に納得してもらえる志望理由書になっているかどうか、一抹の不安が出てくるでしょう。また、出願するまでの限られた期間で作成しなければならないことに対して不安を感じるかもしれません。あるいは作成中に問題点が出てきても、相談する人がいないと困りますね。

　もしこのように困った場面では、私のようなキャリアデザインの専門家や、CDA（キャリア・デベロップメント・アドバイザー）を代表とする**キャリアコンサルタント**に助言や支援を求めてみましょう。キャリアコンサルタントとは厚生労働省が認定する資格で、**個人にとって望ましい職業選択を支援する専門家**です。みなさんの能力・経験・実績を見極め、それを売り込むための志望理由書作成の指導ができる能力を持っています。

　指導者や指導機関を選択する時には、

　**その人がキャリアデザインの専門家かどうか、**あるいは、

　**その機関でキャリアデザインの専門家に指導を受けることができるかどうか**

という点を基準にして、慎重に選ぶ必要があります。

# Section 2
# 志望理由書に書く内容

「合格できる志望理由書」にするためには，何を，どのように書けばよいのだろうか。

# 志望理由書には何を書けばよいか

　ここまでで、志望理由書では「この学校をこう活かせば、私のこういう夢（信念・目的）に近づくことができる。だから、この学校に入学したい。」と訴えればよいことを知りました。そして、その具体化として、夢を定めた理由、この学校を志望する理由という2つの理由を関連づけて明らかにしなくてはならないのでしたね。

　それを受けてここからは、「夢を定めた理由」、「この学校を志望する理由」はそれぞれどのような内容で、どう関連づけて書けばよいのか、さらに、それらは合否の判定にどのような役割を果たすのかなどについて明らかにしていきます。

　それに先だって、このあとの説明をわかりやすくするために、夢（＝その学問分野を目指し、望む職業に就くこと）が実現するまでのプロセスを次の図のようにまとめてみました。これは誰にもあてはまる道のりだと思いますので、以下、この図に沿いながら説明していきます。

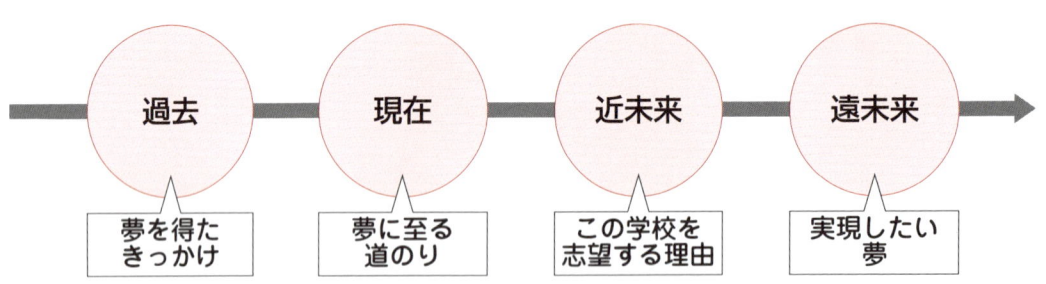

## 1 「夢を定めた理由」にはどんなことを書くか

### 「遠い未来」に掲げる目標

まずは，「夢を定めた理由」とはどのようなものかを考えていきましょう。

これはひと口でいえば，その学校へ入ったあと，卒業後にどんな夢を実現したいか，どのように活躍したいかということをはっきりさせたものといえます。つまり，前出のプロセス図の遠未来に掲げる目標(夢)にあたります。

おそらくみなさんは，大学でこのようなことを学びたい，あるいは卒業後にはこういう仕事がしたいと考えているはずです。実現したい夢というのは，それらの「○○分野の勉強や研究をしたい」(学びたい学問)や「○○の仕事がしたい」(就きたい職業)といった将来の希望のことを指します。まずは，これらをはっきりさせなければなりません。

## 「実現したい夢」とは，こういうこと

ただし，それだけではみなさんらしさ，難しくいうと「個性」がほとんど現れません。例えば同じように弁護士を目指していても，みんな考え方も違うし，違う人生をたどってきたのですから，描く弁護士像も違って当たり前です。「市民から身近に感じられ，気軽に相談される弁護士になりたい」と思う人もいれば，「差別問題を具体的に解決できる弁護士になりたい」と思う人もいるでしょう。また，「知的財産権や特許関係に強い弁護士を目指したい」といった人もいるかもしれません。

学問の分野でも同じことが言えます。例えば，同じように文学を学びたいと考えている人でも，「男性中心の世の中で，女性による文学作品がどのようにして認められていったのかを研究してみたい」と思っている人がいれば，「○○という作家の作品について詳しく調べたい」と考えている人もいます。また別の人は「人類はいつ頃から，どのようにして言語を使うようになったかを調べてみたい」と考えているかもしれません。このことからわかるように，「このような仕事をしたい」「このような研究をしたい」ということをできるだけ具体的に示すことで，あなた(自分)の夢として表現できるのです。そこで，

**学びたい学問分野や，卒業後に就きたい職業をより詳しく具体的に示したもの**を，ここでは「実現したい夢」と定義することにします。

## 「夢を得たきっかけ」とは，こういうこと

しかし，「このような研究をしたい」「このような仕事をしたい」といった夢があることだけを繰り返し唱えても，読み手(採点者)である先生方は納得してくれないでしょう。先生方は当然，「夢を持っているとはいうけれど，何でそういう夢を持っているのだろう」と疑問を抱きます。いじわるな先生なら，「夢といっても，テレビや本の影響でなりたいと思っただけで，単なる憧れなのでは」などと考え，あなたの夢が真剣に考えたものであることをわかってくれないかもしれません。

そうならないためには，「なぜその夢を抱いたのか」といった理由をきちんと説明し，

決して一時の思いつきではないことを示す必要があるのです。そのための第一歩は，**その夢を抱くようになったきっかけを探る**ことです。

みなさんの夢は，いつ，どんな経験をきっかけに生まれたのでしょうか。例えば，「小学生のころに見た弁護士のテレビ番組を見て衝撃を受けた時」「中学国語の教科書に載っていた作家の文章を読んで，解釈の難しさを感じた時」「高校時代にボランティアで出かけた先の保育園の子どもが，いとも簡単に言葉を習得したのを目の当たりにした時」というように，具体的な時間や内容がはっきりする人もいるでしょう。また，「幼い頃から弁護士である父の姿を見て育ち，いつしか法律に関心を持っていた」というように，特定の仕事に幼いころから自然に触れていたためにそうなったという人がいるかもしれません。

このような，過去にさかのぼって得た，

**夢を持つことに対して，影響を与えた体験や経験**

を，ここでは「夢を得たきっかけ」と呼ぶことにします。

## 「夢に至る道のり」とは，こういうこと

私神﨑は，高校や予備校での講演を通して年間数千人の受験生に志望理由書の書き方を教えていますが，とても気になることがあります。それは，**「夢を得たきっかけ」と「夢」だけを志望理由としてあげる人がとても多い**ことです。たとえば，「テレビで見た弁護士とてもかっこよかったから，あのような弁護士になりたい」とか，「親が弁護士で憧れていたから，検察官になりたい」とか，「子どものころから本を読むことが好きだったから，文学を学びたい」などというようにです。こんな時はいつも，私はこのような疑問を投げかけます。「なぜテレビで見た弁護士がかっこよかったからといって，弁護士になろうと思ったの。他の法曹関係（裁判官，検察官）になろうとは思わなかったの」「なぜ親が弁護士なのに，検察官になりたいと思ったの」「読書が好きなことを活かせる分野は他にもあるよ」。こういうふうに尋ねると，ほとんどの人は口を閉ざしてしまいます。

そうなるのは，**自分が目指そうとする学問分野や就こうとする職業への理解が浅い**ことが原因なのです。知らないから，特定の職業に就くことを単なる憧れと捉えたままになったり，他の仕事と比べて自分の考えている職が一番いいと言い切れなかったりするのです。また逆に，その職種や学問分野だけしか見ていないために，他の職業や学問分野との比較が不十分である場合もあります。このような状態では，試験官の先生方に「この人は本当に真剣に考えて夢を実現しようとしているのか」と思われても仕方ありません。

こんな時，例えば次のような説明ができれば，試験官の先生方はきっと理解してくれるのではないでしょうか。

私は小学校から中学にかけて，いじめを受けていた。教室にある私の机の上に花を置かれたり，靴の中や椅子に画鋲があったり，掃除のときには自分の机が「汚いから」と運んでもらえないなど，度重なる嫌がらせに遭ってきた。原因は分かっている。おかしいことはおかしいという私の性格が災いしたにちがいない。自分の価値観に合わない行動や言動に対し，はっきりと「おかしい」と言うことで，友だち関係に亀裂が生じ，異質な人間として排除されたのだ。また，私が生まれつき色黒であることや，アレルギー性鼻炎という持病も理由であったにちがいない。肌が黒い，鼻を頻繁にかむから汚いと避けられたのだ。こういった私でも堂々と生き，差別される側を支える環境を整える仕事に就きたいと考えたのは，このような理不尽な差別を受けていたからである。
　そして，高校生になって社会的弱者や差別問題についてもっと知ろうと思った。図書館でさまざまな文献を読んで調べたところ，こういった問題の解決には法律の運用や改善が必要なことがわかった。日本には差別を助長したり，弱者を助けられなかったりする事例が多くあった。例えば，『旧土人法』という法律でアイヌ人を差別する，朝日訴訟や堀木訴訟などのように弱者に不利な憲法の解釈をするといったことである。日本は法治国家であり，各人は法律に守られて生きている。本来は弱者を守るべき法が，実際のところ弱者を生み出している現状があるのだ。
　しかし，それを救う人がいることがわかった。法律家である。人権派と呼ばれる弁護士の方の講演会に行ったり，インタビューを重ねたりした末，弱者を救う行動ができることを知ったからだ。特に，インタビューを試みた方の1人から伺ったハンセン病の国家賠償請求訴訟の話には大変な興味を抱いた。彼は，らい予防法によるハンセン病患者の隔離がその時代の医療技術と照らし合わせて妥当かどうかを検討しなければならなかったそうである。その証拠集めや証人集めに苦労したが，その甲斐があって，法による人権侵害を国に認めさせることができたと語ってくれた。こういった機会を通して，法律の問題点を指摘し，人権を守ることができるのが弁護士の仕事であるとわかった。その時，私は法の解釈と弁護によって弱者を救済する弁護士になることをライフワークにしたいと心に誓った。

　この例のように，今まで起こった出来事や出会った人物を通して考えたことや，自分の体験の分析から得たことなどをもとにして，**自分の理想に近づいていった道のりをたどり，説明していきます**。こうすることで試験官の先生方に，「私は夢の実現をするために，真剣に学問分野や職業の理解をしようとした」という熱意をアピールすることができるのです。
　このように「夢を得たきっかけ」以降，

**どのような体験をし，どのように思考を深めて夢を実現しようとしたのか**

という経緯を明らかにすると，あなたの夢に対する思いはより強く伝わります。これを，**「夢に至る道のり」** と名づけることにします。

というわけで，ここまで説明してきた，

**「実現したい夢」／「夢を得たきっかけ」／「夢に至る道のり」**

の3つをきちんと示すことで，みなさんが持っている「その学問分野を学びたい理由」や「その職業に就きたい理由」が確固たるものになり，試験官の先生方にもしっかり伝わります。

## 2 「学校を選んだ理由」には どんなことを書くか

### 自分の夢は，この学校でしか実現できない

　志望理由書に必要なもう1つの理由である**「この学校を志望する理由」**とは，文字通り，

　**自分がその学校を受験しようとするわけ**

のことです。これは，何しろ「志望理由書」というくらいですから，絶対に欠かせない内容なのですが，では，どのようなものが「この学校を志望する理由」として適切なのでしょうか。

　例えば，みなさんは中学や高校をどのような理由で選んでいたか，思い出してみましょう。「野球部が強いから」「制服がかわいいから」「大学の進学率が高いから」という人もいれば，「入れる学校がここしかなかったから」といった人まで，さまざまな理由があったはずです。しかし，本当にそれが正しい学校選択のあり方でしょうか。これまではともかくとしても，こと大学入試で志望理由書に書く場合には，そういったことでは理由になりません。

　そもそも大学に進学するのは，「こういう学問分野を学びたい」「卒業後にこういう職業に就きたい」という**夢を実現するため**なのです。ただしその夢の形，つまり「どういった観点からその学問分野を学びたいのか」「どんな職業人になりたいのか」という具体的な中身は個々人で違います。だから，自分に合う学校も人それぞれのはずです。したがって，

　**自分の夢が実現できるかどうかで学校を選ぶ**

というのが正しい学校選択のあり方なのです。こう考えると，

　**この学校なら（他の学校とくらべて）自分が抱く夢に近づくことができる**

という観点で，「この学校を志望する理由」を述べればよいことがわかるでしょう。

### 「夢を定めた理由」と関連づける

　「この学校を志望する理由」を述べる時に気を付けなければならないことがあります。それは，もう1つの理由である**「夢を定めた理由」と関連づける**ということです。この関連がうまく取れていないと，説得力が弱くなります。

　　例えば，前に紹介した「夢を定めた理由」（p.19）の場合なら，「この学校を志望する理由」とは次のように結びつけるのです。

私は小学校から中学にかけて、いじめを受けていた。教室にある私の机の上に花を置かれたり、靴の中や椅子に画鋲があったり、掃除のときには自分の机が「汚いから」と運んでもらえないなど、度重なる嫌がらせに遭ってきた。原因は分かっている。おかしいことはおかしいという私の性格が災いしたにちがいない。自分の価値観に合わない行動や言動に対しはっきりと「おかしい」と言えば、友だち関係に亀裂が生じ、異質な人間として排除されたのだ。また、私が生まれつき色黒であることや、アレルギー性鼻炎という持病も理由であったにちがいない。肌が黒い、鼻を頻繁にかむから汚いと避けられたのだ。こういった私でも堂々と生き、差別される側を支える環境を整える仕事に就きたいと考えたのは、このような理不尽な差別を受けていたからである。
　そして、高校生になって社会的弱者や差別問題についてもっと知ろうと思った。図書館でさまざまな文献を読んで調査したところ、こういった問題の解決には法律の運用や改善が必要なことが分かった。日本には差別を助長したり、弱者を助けられなかったりする事例が多くあった。例えば、『旧土人法』という法律でアイヌ人を差別する、朝日訴訟や堀木訴訟などのように弱者に不利な憲法の解釈をするといったことである。日本は法治国家であり、各人は法律に守られて生きている。本来は弱者を守るべき法が、実際のところ弱者を生み出している現状があるのだ。
　しかし、それを救う人がいることが分かった。法律家である。人権派と呼ばれる弁護士の方の講演会に行ったり、インタビューを重ねたりした末、弱者を救う行動ができることを知ったからだ。特に、インタビューを試みた方の1人から伺ったハンセン病の国家賠償請求訴訟の話には大変な興味を抱いた。彼は、らい予防法によるハンセン病患者の隔離がその時代の医療技術と照らし合わせて妥当かどうかを検討しなければならなかったそうである。その証拠集めや証人集めに苦労したが、その甲斐があって、法による人権侵害を国に認めさせることができたと語ってくれた。こういった機会を通して、法律の問題点を指摘し、人権を守ることができるのが弁護士の仕事であるとわかった。その時、私は法の解釈と弁護によって弱者を救済する弁護士になることをライフワークにしたいと心に誓った。
　このような弁護士を目指すには、基本的人権の尊重を憲法で掲げる日本において、弱者が抱えている法的問題とはどのようなものかを考える力を養うことだと思った。そのためには法律の中身を知り、それらを現代社会の中でどのように運用していけばよいのかを考えられる力が必要である。そこで、数多い大学の中にあって、現代社会と法との関連をより深く学べるこちらの大学の法学部法律学科を志願した。貴校では、基礎的な法律科目を充実させているだけでなく、「法律学特講」という講義やゼミナールにおいて現代社会における法解釈を深く学べるカリキュラムとなっている。現代社会における法の適合について体系だてて学ぶことで、将来、弱者を支えることができる弁護士として、社会の歪みの改善に少しでも貢献していきたいと考えている。

　この例では「弱者を法の解釈と弁護によって守る弁護士になりたい」という理由と、「現代社会における法の解釈・適合について体系だてて学ぶことができる大学」という学校の志望理由とがうまく結びつけられていて、説得力のあるものになっています。このように、

**「夢を定めた理由」と「この学校を志望する理由」を、誰が読んでも納得できるような関連性を持たせて述べる**

ということが非常に大切なのです。そうすることで、試験官の先生方に納得してもらえる志望理由が間違いなく完成します。

## 3 志望理由書を提出させる理由はここにある

### 入学させても，学校側・受験生側とも後悔しないか

　いままでの内容をふまえて，なぜ学校側は志望理由書を提出させるのか，また，志望理由書のどういう点に注目して合格者を決定しているのかについて，改めて見ておくことにします。
　結論的にいうと，

　**その受験生を入学させても，学校側・受験生側がともに後悔することがないかどうかを判断する**

ために，志望理由書を提出させているといってよいでしょう。もっと簡潔にいえば，学校側がほしい人材にその受験生がかなっているかどうか，あるいは互いの相性がよいかどうかを見ようとしているのです。学校側にしろ受験生側にしろ，片方が必要以上に妥協をしなければならないようだと無理が生じ，結果的に不満が昂じていきます。そうならないように，あらかじめ双方の合意を得ておこうというのが目的です。
　そして，これらのことは，志望理由書の中に書かれている「夢を定めた理由」と「この学校を志望する理由」の内容を見ることでチェックできます。

### 「夢を定めた理由」から学問分野や職業の理解度を見る

　まずは「夢を定めた理由」の内容から，

　**これから学ぼうとしている学問分野や，将来の職業についての理解の度合い**

を見ます。
　大学進学は，専門とする学問分野や将来の職業を決めることと密接に関わっています。法学部に入ったなら法律について勉強し，将来は法律に関係する仕事に就く，あるいは文学部に入ったなら文学について研究をするというように，その学校（学部）に入学することは，**研究する学問の内容を定めることと同時に，将来の職業や進路を決める**ことを意味するのです。だから，学校側も「この人をこの学校で研究させてもいいのか」，「この人に将来こういった職に就かせていいのか」と慎重に考えて，合格者を選ぶことになります。もし受験生が学問理解や職業理解がきちんとできていないと，実際にその学問を学ぶ時や職に就いた時に現実とのギャップに苦しみ，受験生自身が後悔することになります。つまり，そういう受験生を受け入れるということは，本人も学校側も不幸なのです。そういった事態を避けるためには，不合格にせざるを得ません。逆に，学問理解や職業理解をしっかりしたうえで「夢を定めた理由」を書いていると判断できれば，将来も安心ということで，合格にできます。

## 「この学校を志望する理由」から学校理解の度合いを見る

もう1つは，「この学校を志望する理由」の内容から，

**志望した大学のことをどれだけ理解しているか**

を見ます。

　大学の建学理念や教育理念，教育環境，教職員の構成などの各大学がもつ特徴は，それぞれで違います。その違いを理解して，本当にこの大学に進学することを納得しているかどうかを，「この学校を志望する理由」から判断します。納得しないまま入学させると，学校に不満を抱く生徒が生まれる原因となります。学校側はそういう学生の対処に困りますし，そういう状態は学校側だけでなく，学生側にとってもよいとはいえません。そのようなことにならないように，**入試の際に受験生の学校理解の度合いを測り，学校と受験生とのミスマッチを防いでいる**のです。何も難しいことではありません。学校を十分に理解したうえで「この学校を志望する理由」を書いているのなら合格，そうでなければ不合格というだけです。

## ● 志望理由書の話の流れは，このように作ろう

**夢を定めた理由**

### 夢を得たきっかけ

夢を定めるきっかけは何か

例 ● 研究したいと思ったきっかけは□□だった
　● その職業に出会ったきっかけは□□だった

〔過去〕

### 夢に至る道のり

夢に向かってどのように思考を深めて夢を決定したのか

例 ● 自分なりにこのような調査・研究をした
　● 職業体験や，働いている人に触れてこう考え，目標決定した

〔現在〕

**この学校を選んだ理由**

### この学校を選んだわけ

目標を実現するために，この大学の何をどのように活用するか

例 ● 目標を達成するには，貴校の□□が必要だ
　（だから入学したい）

〔近未来〕

### 実現したい夢

将来（大学進学以降・卒業後）どんなことをしてみたいか，活動したいか

例 ● □□という研究をしてみたい
　● □□という職業に就きたい，こういうふうに働きたい

〔遠未来〕

# 志望理由書の中身を練ろう

　ここまでで,「夢を定めた理由」を明らかにし,それと「この学校を志望する理由」とがうまく結びつくように述べる必要があることを説明してきました。それをふまえてここからは,実際に**あなたの志望理由書の中身を練る作業**をしていきましょう。

　ここから先は,巻末のワークシートを使って実際に書き込みをしながら,みなさんの志望理由を探り,それを文章にしていきます。

　その手順は以下の8つのステップです。

| 「夢を定めた理由」を明らかにする | | |
|---|---|---|
| Step 1 | 実現したい夢を仮に定める | [→*p.26*] |
| Step 2 | 夢を得たきっかけを明らかにする | [→*p.42*] |
| Step 3 | 夢に至る道のりを確固たるものとする | [→*p.47*] |
| Step 4 | 実現したい夢を明らかにする | [→*p.59*] |
| Step 5 | 夢を定めた理由をまとめる | [→*p.61*] |
| 「この学校を志望する理由」を明らかにする | | |
| Step 6 | 学校の特徴を調査する | [→*p.64*] |
| Step 7 | 夢が実現できるかどうかを検討する | [→*p.67*] |
| Step 8 | この学校を志望する理由をまとめる | [→*p.69*] |

　このあと,指示に従ってワークシートを完成させてください。そうすることで,自然に志望理由書に書く内容を練ることができます。必要に応じて記入例も出しておきましたので,作業の際に参考にしてください。

# 「夢を定めた理由」を明らかにする

作業を始める前に，part 1 の内容をまとめると，**「夢を定めた理由」**とは，

> 私は，
>   こういうことを体験したから **（夢を得たきっかけ）**
>   こういう研究をしたり，こういう職業に就きたいと理想を抱き
>                              **（実現したい夢）**
>   理想が実現できそうだと確認したので **（夢に至る道のり）**
> この夢の実現を真剣に目指そうと考えた

と，順序だてて説明したものでした。ですから，この内容を順を追って明らかにすることで，あなただけの**オリジナルの志望理由書**を書くことができるわけです。

ここからは，「夢を定めた理由」を明らかにする作業を，Step 1 から Step 5 の手順に従って進めていきます。ただし，みなさんの置かれた状況によって進む Step が異なります。その基準は，研究したい内容や就きたい職業が決まっているかどうかです。

＊研究したい内容や就きたい職業が決まっている人，あるいは受験する大学と学部をすでに決めている人………………………… Step 1 を省略して Step 2 から
＊それらが何も決まっていない人………… Step 1 から

以上の要領で進めてください。

## Step 1　実現したい夢を仮に定める

この Step では，まずあなたの**「実現したい夢」**を仮に定めることから始めます。何事でも目標をあらかじめ定めておくと，それに向けてどのように取り組めばよいのかを筋道だてて考えやすくなります。ここでも同様で，「実現したい夢」をあらかじめはっきりさせておくと，「実現したい夢」を定めた経緯，つまり「夢を得たきっかけ」を明らかにしやすくなるのです（これが逆だと，なかなか難しいのです）。

ここでは，以下のいずれかの方法であなたの「実現したい夢」を探ります。みなさんのやりやすい方法を選択してください。

① 興味のある学問分野から探る　　［ワークシート①］
② 興味の持てそうな仕事から探る　［ワークシート②③］

ただし，ここで定める「実現したい夢」は，あくまでも仮であることを忘れないでください。今後，「夢を定めたけれど，調べてみたらイメージと違っていた」と思う場面があるかもしれません。その場合は，躊躇せずに Step 1 からやり直してください。**自分の実現したい夢を見つける時に妥協は禁物です。**

## 興味のある学問分野から探る［ワークシート①］

　そもそも大学には，社会で起こるいろいろな問題を解決することを目的とする研究機関であるという性格があります。その点が，生徒の教育が主目的である中学や高校と大きく異なるところです。そのため大学では学問分野ごとに学部・学科を分けて，専門的な研究ができるように配慮してあります。ゆえに，受験生は入学前にどのような学問を専門的に学びたいのかを決めておく必要があります。つまり，**学校選択の基準を学びたい学問分野を決めることに置かなければなりません。**

　そのために，まずは以下に示す**「文系の学問分野と学科案内」**に一通り目を通してください。文系にはどのような学問分野があり，それぞれではどのような内容の勉強をするのか，またそれを学ぶにはどういった学科を選べばよいのかといったことがまとめられています。

　この中から，**あなたが興味を持てそうな学問分野をいくつか挙げてみる**ことから，**step 1** は始まります。


## 「文系の学問分野と学科案内」

| 学問分野 | どんなことを学ぶか | 学べる学科 |
|---|---|---|
| 法　学 | 利害の対立や意見の食い違いなどを調整する役割を持つ法律について研究します。また，人間社会の中で起こる問題や事件を，いまある法律でどう解釈すべきかを考えていく学問です。 | 法律学科<br>法学科<br>私法学科<br>公法学科 など |
| 政治学 | 政治とは，社会の中にある対立や利害を調整して，社会全体の意見としてまとめる作用のことです。その歴史や思想の研究，さまざまな国や地域における政治の状況分析など，政治の問題点と解決策を研究します。 | 政治学科<br>国際政治学科<br>政策科学科 など |
| 経済学 | 経済とは，人間の生活に必要な物やサービスを，生産・分配・消費する活動や仕組みのことです。これらは社会の状況によって大きく変化します。それらを研究し，問題点解決策を探ります。 | 経済学科<br>公共経済学科<br>現代経済学科　など |
| 商　学 | 商品の売買を通じて利益を得る事業（商業）に関する理論や方法を学びます。また，顧客のニーズをつかんで有利に商品を販売する方法（マーケティング）や，人・物・サービスの流通における問題点を研究します。 | 商学科<br>流通学科<br>マーケティング学科 など |
| 経営学 | 企業は，利益を得ることを目的として経済活動を行う組織です。その経営にかかわる生産・販売・人事・財務などといった点を研究対象にします。そして企業経営を合理的に進めていくための理論や方法を学びます。 | 経営学科<br>現代ビジネス学科<br>国際経営学科　など |

| | | |
|---|---|---|
| 政策学 | 政策とは、目的を遂行するための方針や手段のことです。現代社会において、問題は複雑化かつ国際化しています。それらを解決するため、法学・政治学・社会学などといった幅広い分野からアプローチします。 | 総合政策学科<br>政策科学科 など |
| 情報学 | 情報化社会の到来と共に、私たちの周りには情報が氾濫しています。情報伝達の仕組み・情報処理の方法や活用の仕方、情報が引き起こす問題などを、社会科学の視点から研究します。 | 情報学科<br>環境情報学科<br>社会情報学科 など |
| 社会学 | 社会とは、人間の共同生活やその中での営みのことを指します。その仕組みや理論、社会が人々に与える影響や問題点を学びます。また、その理論が正しいかどうかを実証的に研究します。 | 社会学科<br>産業社会学科<br>応用社会学科 など |
| 観光学 | 昨今、余暇の時間が増えたことによって観光産業が盛んになりつつあります。その余暇と観光について深く研究します。観光地の計画や観光事業の経営、観光地の文化、旅行産業の経営手法なども研究対象です。 | 観光学科<br>国際観光学科<br>観光産業学科 など |
| メディア学 | 人と人の情報伝達手段(メディア)の仕組みや特性、役割について研究します。また、メディアが人々に与える影響や、新しいメディア作りなども研究対象です。 | メディア学科<br>メディア社会学科<br>メディアコミュニケーション学科 など |
| マスコミュニケーション学 | メディアの中でも、新聞・テレビ・雑誌・広告といったマスメディアを対象に、その歴史や仕組み、影響力を研究します。最近では、インターネットや携帯電話といった大きい影響力をもつメディアも研究対象となっています。 | マスコミュニケーション学科<br>メディア社会学科<br>メディア学科 など |
| 環境学 | 環境問題を社会科学の視点から研究します。どの学問の立場から環境について研究するかは、学校によって異なります。例えば、法学の立場から、経済学の立場から、情報学の立場からというようにさまざまです。 | 地球環境法学科<br>経営環境学科<br>環境情報学科 など |
| 福祉学 | 福祉とは、国や地方自治体の支援によってもたらされる安定した生活環境のことをいいます。社会的な弱者や生活が困難な人に提供する福祉やその方法、福祉を提供する社会のあり方を研究します。 | 社会福祉学科<br>介護福祉学科<br>生活福祉学科 など |
| 人間科学 | 人間の存在やあり方を研究します。主に心理学・社会学・教育学の分野が基礎になりますが、人間の生命に関わる理系の学問も必要になります。例えば、生物学・医学・情報科学といった領域が挙げられます。 | 人間科学科<br>人間基礎科学科<br>人間関係学科 など |
| コミュニケーション学 | コミュニケーションとは、人間がお互いの意思や感情を伝え合うことを指します。その仕組みや伝達の方法、理想的なコミュニケーションのあり方などを研究します。また異文化理解や国際交流等も研究分野のひとつです。 | コミュニケーション学科<br>グローバルコミュニケーション学科<br>言語コミュニケーション学科 など |

| 心理学 | 人間の感情や行動の仕組みを，動物や個人の特性，成長との関係，社会や環境による影響などといった点から研究します。また，実社会の問題にどう応用していくのかを研究し，その手法を学びます。 | 心理学科<br>臨床心理学科<br>人間心理学科　など |
|---|---|---|
| 哲　学 | 人間・世界・宇宙といったすべての存在の本質を追求する学問です。理性はどうあるべきかを焦点とする倫理学，美の本質を追求する美学，思考の法則を解明する論理学も哲学の一分野です。 | 哲学科　など |
| 宗教学 | 宗教の本質や特徴，歴史，人間と宗教とのかかわりについて深く学びます。また，特定の宗教の思想が現代社会にどういった影響を与えているのか，またどう応用できるかという研究も行われています。 | キリスト教学科<br>神学科<br>宗教学科　など |
| 史　学 | それぞれの国にある歴史上の事柄を検証します。例えば，歴史的事実の意味や背景を，政治・経済・社会・宗教・民族といった観点から探ります。日本史，西洋史，東洋史などと専攻が分かれることが多いようです。 | 史学科<br>歴史学科<br>歴史文化学科　など |
| 地理学 | 地球上の自然・人間・文化などが，景観や地域の形成にどのような影響をもたらしたのかを研究します。また，その地域の特色による人間社会への影響や，特定の地域が持つ自然・文化・産業の研究なども対象となります。 | 地理学科　など |
| 考古学 | 人類が残した遺物や遺構などを通して，人類の活動やその変化を研究します。遺物や遺跡の時代関係や，同時代の遺物の製作技法を比較し，その当時の社会や文化の状況を明らかにします。 | 歴史学科考古学専攻<br>歴史文化学科<br>歴史遺産学科　など |
| 文化学 | 文化とは，民族や社会が持つ風習・伝統・思考・価値観などを指します。それらの特徴や歴史，地域や世代ごとの違いを研究します。文学・思想・言語・歴史・芸術・生活様式といった幅広い視点から文化を考察します。 | 文化学科<br>日本文化学科<br>比較文化学科　など |
| 日本文学 | 日本の文学作品が持つ特性や世界観，作家の思想，背景を研究します。また，特定の時期や地域の作品に共通している言葉の特性や法則を理解する言語の研究も一分野です。 | 文学科<br>日本文学科<br>国文学科　など |
| 外国文学 | 作品が持つ特性や世界観，作家の思想や背景を研究します。また，特定の時期や地域の作品が共通して持つ言葉の特性や法則を理解する言語の研究も，外国文学研究の一分野です。 | 文学科<br>英米文学科<br>仏文学科　など |
| 芸術学 | 芸術とは，特定の様式や材料によって美を追求し，表現したもののことです。その本質や，その背景にある歴史や社会状況を研究します。また，芸術作品を研究する手法や芸術理論を学びます。 | 芸術学科　など |

| | | |
|---|---|---|
| 美術学 | 絵画・彫刻・建築・工芸といった造形を使った表現方法や，美術史や色彩学などといった理論を研究します。また，それらと自分の感性を組み合わせ，作品を創作していきます。 | 美術学科<br>絵画学科<br>彫刻学科 など |
| デザイン学 | 建築・工業製品・服飾・インテリア・グラフィックなど，実生活の分野で用いられる造形作品を考え出す方法を研究します。芸術的な感覚を，実際の生活の中に取り入れるための表現方法を学びます。 | デザイン学科<br>くらしデザイン学科<br>産業デザイン学科 など |
| 音楽学 | 音楽が持つ理論・歴史・技術を研究します。音楽心理や音楽教育・音楽美学・演奏法・作曲法・指揮法などもテーマのひとつです。声楽や器楽等の専攻なら，レッスンや演奏を通して，表現能力を高めることができます。 | 音楽学科<br>声楽学科<br>器楽学科 など |
| 工芸学 | 実用性と美を兼ね備えた工芸作品を生み出す技術や理論，歴史などを学びます。陶芸・漆芸・染織・織物・彫金などといった小規模な手工芸品の創作に関わる研究が主となります。 | 工芸学科 など |
| 演劇学 | 演劇とは，身振りやせりふを通して，物語や人物を演じる芸術をいいます。その理論や歴史，技術や表現方法を学びます。台本・演出・演技・美術・撮影といった専門的技能を学んだり，実際に作品に取り組んだりします。 | 演劇学科<br>映画学科 など |
| 映像学<br>写真学 | 動画（映像）や静止画（写真）を用いた表現技法やその理論を学びます。映像学では，ドラマやドキュメンタリー，コマーシャル，アニメーション，3次元CG等を対象とします。 | 映像学科<br>写真学科 など |
| 日本語学 | 日本語の成り立ちや仕組みを，言語学の視点から研究します。また，その背景となる文化や思想，政治，経済なども学びます。日本語の知識や歴史，読む・書く・聞く・話すといった表現と理解の方法などを習得します。 | 日本語学科 など |
| 外国語学 | 外国語の成り立ちや仕組み，表現方法を研究します。また，背景となる文化や思想，政治，経済なども学びます。諸外国語の知識や歴史，読む・書く・聞く・話すといった技術などを習得します。 | 外国語学科<br>英語学科<br>中国語学科 など |
| 国際関係学 | 国際社会における各国間の法・政治・経済・経営のあり方や諸問題などをさまざまな社会科学の視点から捉え，研究します。特定の地域に起こる問題を研究するために，それに関連する知識や語学なども学びます。 | 国際関係学科<br>国際政治学科<br>アジア太平洋学科 など |
| 国際文化学 | 各国や各地域の社会・文化・民族・言語などを，文化学やコミュニケーション学の視点から研究します。また，文化を研究するために必要な語学や背景知識，歴史，文学，宗教観なども学びます。 | 国際文化学科<br>国際コミュニケーション学科 など |

| | | |
|---|---|---|
| 教育学 | 教育とは，人を望ましい姿にするために意図的に働きかけることをいいます。その本質や歴史，仕組み，方法などを研究します。学校教育だけでなく，家庭や地域での教育，生涯教育なども研究の一分野です。 | **教育学科**<br>**教育心理学科**<br>など |
| 保育・児童学 | 子どもが生きる環境が大きく変化している現代社会に対応した，子どもの成長を促す教育のあり方や生活環境などの諸問題を研究します。保育学では乳幼児，児童学では子どもを対象としています。 | **保育学科**<br>**児童学科**<br>**子ども学科** など |
| 栄養・食物学 | 食品やその成分が人間の体の中でどう利用されているのか，食品や食事，栄養の面から研究します。健康管理，調理方法，食品や食生活の歴史・文化なども研究対象です。 | **食物学科**<br>**栄養学科**<br>**食品栄養学科**<br>など |
| 服飾・被服学 | 国や地域，時代による衣服について，文化・社会・民族・材料・染色・デザイン・流通などという観点から研究します。また，優れた衣服を作る理論や方法も習得します。 | **被服学科**<br>**服飾造形学科**<br>**服飾美術学科**<br>など |
| 住居学 | 人が生活しやすい住居や住環境とはどのようなものかを研究します。住居学は建築そのものではなく，ライフスタイルや住環境などのソフト面を研究対象としています。 | **住居学科** など |
| 家政学・生活科学 | 人が暮らしていくために必要な衣食住や家庭などについて，生活する人間の視点から研究し，快適な家庭生活のあり方を考えていきます。家政経営，家政の歴史，生活デザインなども研究対象です。 | **家政学科**<br>**生活科学科**<br>**生活デザイン学科**<br>など |

　以上が文系の大学や学部で学ぶことができる学問分野と，それに対応する学科です。実にさまざまな分野にわたっていることが理解できたことと思います。
　さて，この資料をもとに，ワークシート①を使ってあなたがなぜその学問分野に興味を持ったのか，どれが一番楽しく研究できそうかを検討していくことにしましょう。

## ワークシート①を使った作業

◇興味のある学問分野から，あなたの「実現したい夢」を探る

❶ どの学問分野に興味を持ったか？

「文系の学問分野と学科案内」を見て，あなたが興味を持った学問分野を3つくらい選び，その分野名を記入します。これが，あなたにとっての「実現したい夢」の候補となります。

❷ なぜその分野に興味を持ったか？

その学問分野になぜ興味を持ったのか，その理由を考えてみましょう。その時，具体的な体験や興味のある出来事・ニュースなどと関連させながらまとめてみるといいでしょう。

❸ その学問分野で研究できそうなことがらは何か？

その学問分野を学ぶと，より詳しく研究できそうなことがらは何かを考えます。社会的に問題になっていることでも，自分自身の内面に関わることでも，特に問いません。思ったことを素直にまとめてみましょう。いまの時点でこれをまとめることで，より具体的な「夢」を示すことができ，よい評価につながります。

❹ どの学問分野が一番興味を持って研究できそうか？

❶から❸でまとめた内容をもとに，あなたが一番興味を持って研究ができそうな学問分野を1つ選び，それを選んだ理由をまとめます。それが，現時点であなたが学びたいと考えている学問分野，つまり，あなたの「実現したい夢」となるのです。

＊次のページに，ワークシート①の記入例を出しておきます。書き方がよくわからない時などの参考にしてください。

記入例　　　　　　　　　　　　　　　　　　　　　　　　　　　　　　　　ワークシート　①

| ❶ 興味を持った学問 | ❷ なぜ興味を持ったか | ❸ 研究できそうなことがら |
|---|---|---|
| 法律学 | 人が争ったり差別したりしないように、憲法などの法律で定めていることを高校の授業で学んだ。みんなが法やルールをしっかり守ることができれば、幸せな生活ができると思う。私は、そういうことを定めた憲法や法律のことをもっと学びたいと思った。 | 日本国憲法の理念<br>差別問題<br>平和について<br>人の幸せを守る方法 |
| 教育学 | 私は中学の時にいじめにあった。その時、大きな傷を負った。最近ではいじめによる自殺者が増えていると聞く。そういった人たちを教育の現場で救うことができないかと思う。さらに、子供たちはなぜいじめを繰り返すのか、どうすればいじめがなくなるのかについて考えてみたい。 | いじめの原因の究明<br>いじめの解決策<br>教育現場での対応<br>道徳教育 |
| 社会学 | 人間生活の中では、争いごとや差別は起こってしまうらしい。でも、そういうことがなく、みんなが平穏に生活することができれば幸せだろう。差別や争いの原因は、社会の仕組という点で捉えると見えてくるのではないか。それを理論化できれば、差別や争いを減らすことができると思う。 | 差別や争いの原因究明<br>その解決策<br>人間社会の構造と作用 |

上の3つの中から、一番興味のある学問を選んでみましょう。

| ❹ 一番興味を持って研究できそうな学問分野 | その理由 |
|---|---|
| 法律学 | 差別や争いを少しでも減らすという点では、法律が最も影響力が強いと思う。法律やルールを定めて、みんながそれを守れば差別や争いは減り、ひいてはみんなの幸せにつながると思う。 |

実現したい夢

## 興味の持てそうな仕事から探る [ワークシート②③]

みなさんは将来何かしらの仕事に就き、社会に出ることになります。仕事をする時間は、一生の中ではかなりの長さを占めるものです。だからこそ、いまの時点で自分自身と真正面から向き合い、「この仕事を続けていきたい」と思えるような仕事を見つけることが、生きがい、ひいては人生の幸せにつながるのではないでしょうか。

自分に合う仕事とは、「自分の信念や価値観に合った仕事」「自分の能力が生かせる仕事」「自分が興味を持てる仕事」というように、**自分の興味・能力・価値観とうまく合うもの**を指すのですが、それならば、

**自分自身のことを深く知り、自分に合う仕事を探す**

といった手順を踏んであなたが興味の持てそうな仕事を見つけ、それを「実現したい夢」として仮に掲げてみてはどうでしょうか。

### ワークシート②を使った作業

◇興味の持てそうな仕事から、あなたの「実現したい夢」を探る：価値観チェックテスト

まず最初に用意したのが**「価値観チェックテスト」**です。このテストを用いて、

**あなたがどういう性質を持っているか**
**あなたにはどういうこだわりがあるか**

といったことを明らかにしてみましょう。その結果、あなたの性格や価値観が明白になり、職業選択をする時の手助けとなります。

ちなみにこの方法は、キャリア理論で有名な職業心理学者ホランドの**職業選択理論**を応用したものです。ホランドは「人は皆、自分の才能や技能・興味などを実現できる仕事を探し、そのような目標を達成しようとしている」と、職業を選択する前提条件を述べています。ここで用いている「価値観チェックテスト」は、そのホランドの興味検査を応用し、本人が持つ価値観と能力を測る目的で作成したものです。

☆ **自分のことを「価値観チェックテスト」で知る**

まずは、自分がどのようなことをよいと感じたり、また逆に嫌だと感じたりしているのかといった**「あなたの価値観」**を、チェックテストをすることで探ってみましょう。指示に従ってワークシート②に点数を書き込み、計算を行ってください。**合計点数が高い動物ほど、あなたの価値観に近いタイプの動物です。**

そして、あなた以外の人（例えば友人、親、先生など）にもこのテストをやってもらいます。その時、同じチェックテストを使いますが、「あなたにあてはまるかどうか」という観点で答えてもらいます。つまり、あなたの価値観を第三者はどう見ているかを教えてもらうのです。そうすることで、自分の思い込みではない**より客観的なあなたの価値観**を見ることができ、より正確な「自分像」がわかります。

## 【価値観チェックテスト】

● 次の30の質問に当てはまるかどうかを，5点満点で判定してください。それぞれの点数は**ワークシート②**の該当欄に書き込んでください。

```
よくあてはまる……………………… 5点
どちらかといえばあてはまる………… 4点
どちらともいえない…………………… 3点
どちらかといえばあてはまらない…… 2点
まったくあてはまらない……………… 1点
```

1. 話して説明するより，図に描いて説明するほうが上手だ。
2. ついつい深くものごとを考えてしまう。
3. よく友達と違う発想をすることがある。
4. 人の助けになりたいと思う。
5. グループや部活動ではリーダー的な存在だ。
6. 夏休みの宿題は，きっちり予定を立ててやる。
7. ものを作ったり，直したりすることが好きだ。
8. 「なぜ？」と考える癖がある。
9. 理屈よりも感性を信じるほうだ。
10. 1人よりも多くの人といっしょに仕事するほうが楽しい。
11. 誰かに指示されるより，自分が指示するほうが多い。
12. 約束事やルールをきちんと守る。
13. 将来よりも今のことが大事だ。
14. 何かひとつのことを極めたいと考えている。
15. ルールや約束を守るのは苦手だ。
16. 私は寂しがり屋だ。
17. 友達や仲間の行動にイライラする時がある。
18. 「継続は力なり」という言葉は正しいと思う。
19. ふと思いついたアイデアを実現させることができる。
20. 友人は浅く広くではなく，特定の人たちと深く付き合うほうだ。
21. 気分が乗らないときは，勉強しない。
22. 文化祭や合唱祭などの祭りごとが大好きだ。
23. クラスでは目立つほうだ。
24. 自分で決めたことを，長い間毎日欠かさずやっている。
25. 自分はロマンチストというよりはリアリストだ。
26. 多くのことをいっぺんに平行してやるのは苦手だ。
27. 「こうすればいいのに」といったアイデアがよく思い浮かぶ。
28. みんなとコミュニケーションをとるのは得意だ。
29. 競争心が強く，誰かに負けるのは嫌いだ。
30. 自分は粘り強い性格だ。

記入例　　　　　　　　　　　　　　　　　　　　　　　　ワークシート ②

☆答えの点数を，□の中に書き込んでください。

| 1: 5 | 2: 3 | 3: 1 | 4: 2 | 5: 3 | 6: 4 |
|---|---|---|---|---|---|
| + | + | + | + | + | + |
| 7: 4 | 8: 2 | 9: 1 | 10: 2 | 11: 3 | 12: 5 |
| + | + | + | + | + | + |
| 13: 5 | 14: 2 | 15: 2 | 16: 3 | 17: 4 | 18: 5 |
| + | + | + | + | + | + |
| 19: 4 | 20: 3 | 21: 1 | 22: 2 | 23: 3 | 24: 5 |
| + | + | + | + | + | + |
| 25: 4 | 26: 2 | 27: 1 | 28: 1 | 29: 4 | 30: 4 |

縦に点数をたして，下に記入しましょう。

| キツネ | フクロウ | キリギリス | ヒツジ | ライオン | アリ |
|---|---|---|---|---|---|
| 22 | 12 | 6 | 10 | 17 | 23 |

点数をワークシート③の表に転記しましょう。

## ワークシート③を使った作業

◇興味の持てそうな仕事から，あなたの「実現したい夢」を探る：チェックテストの結果分析

ワークシート②の記入ができたら，その結果を分析します。まずは，ワークシート②で計算した点数をワークシート③に転記してください。**点数が高ければ高いほど，あなたの性格に近いタイプの動物**ということになります。複数の人にやってもらった場合は，より多くの人が高い点数をつけている動物があなたに近いタイプといえます。

点数が高い動物が3種決まったら，以下に示す「**動物タイプの解説**」に目を通し，高いもの3種の中で自分に一番近いと感じるタイプの動物を1種選んでください。もしどの項目も点数が同じであったり，出た結果に納得がいかなかったりしたときは，6種の動物の中から一番自分に合うと感じるタイプを1種選んでも構いません。

# 動物タイプの解説

### キツネ タイプ

昔話などに出てくるキツネのイメージで最も多いのが「**賢い**」というもの。元は農業の神様として信仰されていたので，人間に化けて危機を救う話が多く残っている一方で，キツネにしっぺ返しを食う話もあります。どちらにしても，人間社会で起こっていることを冷静に把握して，手助けや仕返しをしているといえます。このようなことから，**現実を見据えて冷静に行動することができる**というのがキツネタイプだといえます。

＊**キツネタイプの特徴**

　現実重視　モノ重視　問題解決は現実的な方法で
　冷静沈着　ねばり強い

＊**キツネタイプに向いている職業**

　物や事実を対象にした仕事
　[例] 製造，システムエンジニア，法曹，不動産鑑定士，
　　　税理士，FP（ファイナンシャル プランナー），
　　　営業，警察官，消防士，栄養士，
　　　証券アナリスト，経営コンサルタントなど

### フクロウ タイプ

フクロウといえば，「**博識**」というイメージ。フクロウは古代ギリシャでは女神アテナの従者でした。女神アテナは知恵の神であり，学問を司る立場であったことから，フクロウは知恵・知識・学問のシンボルといわれるようになりました。ほかにも「学問の神」とか，「森の賢者」などといわれることがあります。**1つのことを深く探求し，知識を蓄えてから物事に対応する**というのがフクロウタイプの特徴で，探究心が旺

盛なところから，研究者を目指す人も多く見られます。

＊**フクロウタイプの特徴**
探究心旺盛　博学　知識重視
問題解決は知識を駆使して　分析的　論理的
＊**フクロウタイプに向いている職業**
研究を主体にした仕事
［例］学者，研究者など

### キリギリス タイプ

イソップ寓話の『アリとキリギリス』では，音楽に夢中になっている遊び人というストーリーで描かれているキリギリス。確かに，ごく一般的な仕事をしている人から見れば，音楽家というのはある面，特異に見えるかもしれませんが，芸術的な活動を懸命にしていると捉えれば印象はかなり変わります。寓話の中のキリギリスは，既存の価値観にとらわれることなく，自由な発想のもとで自らの芸術的センスを磨いていたといえます。このことから，**自由で柔軟な発想を持つ**のがキリギリスタイプであるといえます。

＊**キリギリスタイプの特徴**
豊富な発想　自由　柔軟性
問題解決はアイデア勝負　開放的
理想主義　自立的
＊**キリギリスタイプに向いている職業**
芸術的・パフォーマンスの仕事
［例］デザイナー，写真家，俳優，作家，記者，
　　　ライター，イラストレーターなど

### ヒツジ タイプ

ヒツジには群れをなして行動する性質があり，寂しがり屋で人懐っこく，いつも周りには仲間がいます。仲間同士のコミュニケーションや教育，治療行為などといった，**他人との接触を好む**のがヒツジタイプの特徴です。このタイプはまた，他人を援助したり，理解することを苦手に感じることは少ない傾向にあります。さらに，多くの人と関わることが得意で，他人にあることを伝えたり，指導したりするスキルが高いことが多いようです。

＊**ヒツジタイプの特徴**
コミュニケーション重視
問題解決は社会的な力で　友好的　協力的
暖かい　社交的
＊**ヒツジタイプに向いている職業**
人と接する仕事

［例］教員，幼稚園教諭，保育士，販売員，
　　　ケースワーカー，ホームヘルパー，介護福祉士，
　　　社会福祉士，接客，心理カウンセラー，
　　　ツアーコンダクターなど

### ライオン タイプ

ライオンは「百獣の王」とよばれています。オスは子どもの頃に群から離れ，1頭もしくは数頭で数年間放浪したあと，他の群れを乗っ取って君臨します。このように，独立心が旺盛で，新たなグループを作ったり，**組織の上に立って統率することが得意**なのがライオンタイプの特徴です。人望に厚く，社交的で，かつ指導力が高い傾向があります。

＊ライオンタイプの特徴
　冒険的　社交的　指導力が高い
　問題解決は統率力で　外交的

＊ライオンタイプに向いている職業
　管理する仕事
　［例］経営者，スーパーバイザー，バイヤー，
　　　　小売店店長，編集者など

### アリ タイプ

寓話『アリとキリギリス』では，越冬のために毎日コツコツと食糧を貯える姿が描かれています。**同じ行動を慣習的に行うことができ，目標に向けて継続的に努力する**ことが得意なのがアリタイプの特徴です。ルールや常識にしたがって行動することを苦に思わない傾向が強いようです。

＊アリタイプの特徴
　コツコツ　慎重な　問題解決はルールで
　規則正しい　慣習的　継続的

＊アリタイプに向いている職業
　しっかりと決まったことをする仕事
　［例］総務，経理，財務，会計，労務等
　　　　の企業の基幹業務，作業管理，保守管理，
　　　　オペレーター，事務処理など

## 自分に合う仕事を仮に定める

◇興味の持てそうな仕事から，あなたの「実現したい夢」を探る：仕事を決める

　以上の作業とその結果から，**自分に合いそうな仕事を仮に定めます**。「仮に」というのは，前にも触れたように，このあとの作業を進めていった時に「どうも違うな」と感じることがあるかもしれないので，その時は決めた仕事に捕らわれずにもう一度やり直しても構わない，という意味を含んでいるからです。

　仮に仕事を定める方法には，次の2つがあります。

> ・動物タイプの解説の**「向いている職業例」**から，興味のある仕事を選ぶ
> ・動物タイプの解説の**「タイプの特徴」**を参考に，自分に合う職業を探す

　前者の場合，選んだ仕事が具体的にどんなことをする仕事であるかを改めて調べましょう。その結果，興味の持てそうな仕事だと思ったら，その仕事を**「実現したい夢」**として仮に定め，その仕事名をワークシート③の所定欄に記入します。

　後者の場合，自分のタイプに合う仕事を本やインターネットで探します。もしくは，キャリアデザインの専門家やキャリアカウンセラー，もしくは進路指導の先生に，率直に「わたしはこういうタイプだが，こういったタイプに合う仕事はないだろうか」と尋ねてみましょう。よいアドバイスがもらえるはずです。そして，その仕事の内容を調べ，興味が持てそうな仕事だと思ったら，その仕事を**「実現したい夢」**として仮に定めましょう。そして，その仕事名をワークシート③の所定欄に記入します。

＊以上のようにして決めた結果に納得がいかない場合は，独立行政法人労働政策研究・研修機構が無料で提供する**「キャリアマトリックス・職業とキャリアに関する基盤情報システム**（http://cma.vrsys.net）**」**を使って，より詳しい診断を受けてみることもできます。

＊次のページに，**ワークシート③の記入例**を出しておきます。参考にしてください。

記入例                                                    ワークシート ③

☆ワークシート②でつけた点数を転記しましょう。

|  | キツネ | フクロウ | キリギリス | ヒツジ | ライオン | アリ |
|---|---|---|---|---|---|---|
| わたしの点数 | 22 | 12 | 6 | 10 | 17 | 23 |
| （母）がつけた点数 | 20 | 12 | 5 | 9 | 18 | 24 |
| （友人A）がつけた点数 | 21 | 10 | 6 | 8 | 16 | 21 |

上の結果から，どれがあなたのタイプに近いといえそうか，検討します。
結果に疑問があるときは，本冊の「動物タイプの解説」を読んで一番近いと感じるものを選んでください。

あなたは何タイプ？？　　○をつけましょう。
キツネ　・　フクロウ　・　キリギリス　・　ヒツジ　・　ライオン　・　㋐リ

仮に決定した仕事の名前を書きましょう。　　　　　その仕事の内容を調べてメモしておきましょう。

| 仕事の名前 | どんな仕事？ |
|---|---|
| 経理・財務・会計 | ・企業におけるお金の管理<br>・経理や会計は，日常の出入金の管理，決算書，税務申告<br>・財務は，金融機関からの借り入れ業務 |

実現したい夢

## Step 2　夢を得たきっかけを明らかにする

　ここから先は，あなたの**「実現したい夢を得たきっかけ」**を，あなたの過去の記憶から探っていきます。
　人間が物事を決定する時には，過去の思考や経験，あるいはそれによって築かれてきた興味・能力・価値観などを頼りにするのが普通です。このことは「実現したい夢」を定める時にも当てはまります。そこで，それらをあなたの記憶の中から探り当て，
　**なぜその学問分野を学ぼうと思ったのか**
　**なぜその仕事を選ぼうと思ったのか**
を明らかにしていくことにします。
　ここでは，以下の手順で「夢を得たきっかけ」を探ります。
　① **夢に関連する過去の記憶を探る**　［ワークシート④］
　② **体験を掘り下げて真の動機を探る**　［ワークシート⑤⑥⑦］
　この作業は時間がかかります。また，記憶が曖昧で，詳しく思い出せない場合もあるでしょう。そういった時は家族や友人の力を借りて，できるだけ詳しく思い出すようにします。また，過去のアルバムや文集といったものも記憶を思い起こす道具になるので，活用してもよいでしょう。いずれにしろ，**過去の自分の努力や体験を肯定化する作業**ですので，ぜひ前向きに取り組んでください。

## 夢に関連する過去の記憶を探る［ワークシート④］

　まずは，**「実現したい夢」**に関係がありそうな過去の記憶をたどり，掘り下げてみましょう。そのためには，
　**夢を実現したいと思った出来事**
　**「実現したい夢」に関連のある出来事**
を思い出してみるといいでしょう。例えば，家庭や学校での体験，ボランティアや職業体験，就きたい職業や学問に関わっている人へのインタビュー，本・テレビ・新聞での情報などです。ただ，何もなしで動機や体験を思い出す作業を行うのは大変ですが，ワークシート④を活用すると，案外容易に思い出せるものです。

### ❶ 実現したい夢を再確認する

　まずは，ワークシート④の❶の欄にあなたの**「実現したい夢」**を記入します。すでに勉強したい内容や就きたい職業が決まっている人，あるいは受験する大学と学部などがすでに決まっている人（つまり **Step 1** を省略して **Step 2** から始めている人）は，その内容を書けばよろしい。一方 **Step 1** から始めた人は，ワークシート①および③で仮に定めた学問分野や仕事の内容を書きます。ここに改めて書くことで，あなたの**「実現したい夢」をつねに意識しながら作業が進められる**ので，現実的です。

## ❷ 夢に関連する出来事を，思いつく限り書いていく

次に，実現したい夢に関連した過去の出来事を❷の欄に書き込んでいきます。ここの欄は，

**縦軸は年代別**（小学校まで，中学時代，高校時代）
**横軸は体験の種類**（身近な体験，他者から聞いた体験，メディアで得た体験）

を示してあります。これをもとに，思いつく限り「実現したい夢」というキーワードに関連するような体験を書き出します。些細なことでも，関連するかどうか判断しにくい出来事でも，とりあえず書いていきましょう。その時，「いつ」「どこで」「誰（何）が」「誰（何）に」「どうして」「どう感じたか」を明らかにして書き込んでおくと，このあとの作業で記憶を深めていく時に役に立ちます。なお，すべての枠が埋まらなくても構いません。

## ❸ 体験した出来事と夢への関連性を評価する

書き終わったら，それぞれの体験ごとに「実現したい夢に対してどれだけの影響を与えたか」という観点から評価します。そして，**大きな影響を与えた**と思われるもの（主観的な判断で構わない）に☆印をつけておきます。この☆印がついたものは，次のワークシート⑤⑥⑦での作業で使います。

＊次のページに，**ワークシート④の記入例**を出しておきます。どのように書けばよいのか迷った時などの参考にしてください。

記入例　　　　　　　　　　　　　　　　　　　　　　　　　　　　ワークシート　④

❶ 実現したい夢とは？（学びたい学問分野，就きたい職業）

**法律学**
（日本国憲法の理念，差別問題，平和について，人の幸せを守る方法）

❷ 夢に関連する出来事を，思いつく限り書いていこう。

| | 身近な体験<br>（本人が直接関係するもの） | 間接体験<br>（他者から聞いたもの） | メディアによる体験<br>（テレビ・新聞・本などから得たもの） |
|---|---|---|---|
| 〜小学校 | 小学5年生のころから，みんなに「汚い」と言われ，掃除の時間に机を運んでもらえなかった。なぜそういういじめにあうのだろうと，心を痛めていた。☆ | 小学校のころ，親や先生にルールを守ることは大切だと学んだ。みんなが平等に，幸せに生きるためには，みんながルールを守っていく必要があることを聞いて，忠実に守ろうと思った。 | |
| 中学校 | 中学1年生の時，誰かが私の机の上に花を生けた花瓶を置いた。いわゆる「葬式ごっこ」の対象にされ，自分の存在を否定されたかと思った。☆ | 中学3年生の時，公民の授業で日本国憲法の理念について学んだ。人は等しく人権を持っていると知り，なぜいじめや差別が起こるのか，疑問に思った。 | いじめによる自殺者のニュースが頻繁に流れていた。強い者が弱い者を虐げるケースが目立った。 |
| 高校 | 高校が変わり，一転していじめはなくなった。友人たちは私の性格を受け止め，私も友人たちを受け止めようと努力した。受け入れられる喜びを感じた。 | 高校3年の時，政治経済の授業で人種差別撤廃条約や女子差別撤廃条約について学んだ。国際的にも差別を撤廃する動きになっていることに，心強く思った。 | 高校2年生の時，社会的弱者や差別問題についてもっと知ろうと思った。図書館でさまざまな文献を読んで調査したところ，こういった問題の解決には法律の運用や改善が必要なことがわかった。☆ |

❸ 体験した出来事と夢への関連性を評価してみましょう。自分に大きな影響を与えたと思われる体験（主観で構わない）に☆印をつけましょう。

## 体験を掘り下げて真の動機を探る［ワークシート⑤⑥⑦］

ワークシート④の作業ができたら，次は夢を得たきっかけを詳細に思い出す作業を始めます。そのためには，夢を得たきっかけとなった特に大きな出来事を選び出し，
**なぜその夢を実現したいと思ったのか**
を明らかにしていきます。

この作業をするために，ワークシート⑤⑥⑦を用意しました。なお，この3枚のシートは同じものです。つまり，体験を3つまでまとめることができるようにしてあるのですが，必ずしもすべてを使う必要はありません。では，次の順序で始めましょう。

### ❶ 夢を得るのに大きな影響を与えた出来事を再確認する

まずは，ワークシート⑤⑥⑦のそれぞれに，夢を得るのに大きな影響を与えた出来事を記していきます。それには，ワークシート④に記入した体験の中で☆印をつけたものをいくつか取り上げ，❶の欄に書き入れます。

### ❷ どんな出来事だったのか

そして，その出来事を詳細に思い出します。誰が，どのようなことを行い，どのような結果になったのかを丁寧に示します。ここには**気持ちを移入せずに，実際に起こった事実だけ書きます**。ここで，できるだけ詳細に思い出すことで，思いつきや表面的ではない深く考えた志望理由であることがアピールできるのです。

### ❸ その時（もしくはいま），その出来事についてどう思ったか（思うか）

その出来事について詳細に思い出したうえで，その時の自分はそのことについてどう思ったかを説明しましょう。その時の感情が思い出せなかったら，いまの自分ならどう思うかを書いておきます。そして，なぜそういう感情が芽生えたのかを思い出し，それも記しておきましょう。

### ❹ 今後，どうすべきか

❶から❸の内容をもとに，その出来事について今後どう対処すべきかを，「学びたい学問分野」や「就きたい職業」と関わらせながら考えます。つまり，その出来事を継続すべきなのか，改善すべきなのか判断し，その理由も添えます。そして，「学びたい学問分野」や「就きたい職業」の力を使ったら，どのように改善，あるいは継続できるのかも考えます。

＊次のページに，**ワークシート⑤の記入例**を出しておきます。参考にしてください。

| 記入例 | ワークシート ⑤ |

### ❶ いつ，どこでおこった出来事だったか

高校2年生の時，図書館でいろいろな文献を読んで調査したこと。

### ❷ どんな出来事だったか

日本では，国民同士が差別を助長したり，弱者を助けられなかったりする事例が多くあった。
① 『旧土人法』という法律でアイヌを差別する
② 朝日訴訟や堀木訴訟などのように，弱者に不利な憲法の解釈をする
こうして，実際のところ法が弱者を生み出す結果となっている。

### ❸ その時（もしくはいま），あなたはどう思ったか

- どんな気持ちになったか
- その理由は

この状況を打開するためには，法律の運用や改善をしなければならないと思った。
→（理由）日本は法治国家であり，法律に守られて生きている。
　　　　　法の運用や改善をすることで，社会的弱者を守ることができると考えたから。

### ❹ 今後どうすべきか

- 継続すべきか，改善すべきか
- その理由は
- 「学びたい学問分野」「就きたい職業」の力を使ったら，どう改善または継続できるか

改善すべきと考える
→（理由）社会的弱者を保護すべきだと思ったから。
→（法律学でどう改善できるのか）
　法律学を学ぶことで，実際運用されている法とその解釈の現状を把握できる。
　そして，何をどう具体的に改善すべきかが明らかになる。
　それを法の改正や裁判の際に気をつければ，弱者を守ることができる国になる。

## Step 3　夢に至る道のりを確固たるものとする

　ここまで「夢を得たきっかけ」と「実現したい夢」を整理してきました。しかし，これだけをもとに志望理由書を書いた場合，先生方が十分納得しない場合があります。その多くの場合は，学問理解や職業理解が不十分なことが原因です。

　例えば，ワークシート⑤⑥⑦までの状態で志望理由書を書くとどうなるでしょうか。おそらく学びたい学問分野をすでによく知ったうえで，あるいは就きたい職業について詳しく知ったうえで，きっかけをまとめている人は少ないはずです。つまり，ワークシート⑤⑥⑦までの状態だけで志望理由書を書くと，**実際に学問や職にほとんど触れることなく**きっかけをまとめることになるのです。そんな場合，採点官の先生方は，

「この学部を目指している理由が安易すぎるのではないか」
「将来の仕事への単なる憧れだけで，本学を志望しているのではないか」

といった疑念を抱きやすくなります。

　特に大学では**自学自習の姿勢**が求められます。自分で疑問を見つけ，その疑問を自分で調べ，担当教官に尋ねながら，自主的に勉強しなければなりません（高校までと同じように，「先生が教えてくれる」といった感覚は大学では通用しません）。そのため，安易に学問分野の選択をして大学に入学すると，理想と現実のギャップに衝撃を受けることになり，入学後に学習意欲を失う恐れがあります。大学の先生方は，そういった学生の増加を恐れているのです。

　また，社会に出たら，どの業界・職業に入ろうとも肉体的にも精神的にも厳しい現実が待っています。安易な動機で，特定の職業を目指している受験生がどういう行く末になるか，大学の先生方は想像できます。そのため，受験生が抱く理想（妄想？）と大学や職業の実際とがあまりにもかけ離れていると判断できれば，採点官は事前に排除しようとするので，そういった志望理由書の評価は，当然のことながら低くなります。

　このようなことにならないようにするために，どう改善すればよいでしょうか。それは，**学問分野や職業に対する理解を高める**ことで解決できます。自分がこれから学ぼうとする学問分野や就こうとする職業について調べ，本当に自分の理想が実現できるかどうかを確認する過程が必要です。つまり，**「夢に至る道のり」を確固たるものにする**のです。そうすると，「十分に学問分野や職業について理解したうえで，夢を実現しようと決意した」とアピールできます。また学問分野や職業を理解するという行動が，採点官の先生方に積極性や熱意を訴えかける要素になります。裏付けもなく「がんばります」とか「熱意だけは誰にも負けません」と書いても，決して熱意は伝わりません。

　以上のことをふまえて，以下の方法であなたの「夢に至る道のり」を確固たるものとしていきましょう。ここでは，実際に自分の足で調査をすることになります。積極的に取り組んでください。

① **講義を受ける** ［ワークシート⑧］
② **職業体験をする** ［ワークシート⑨］
③ **先輩や先生にインタビューをする** ［ワークシート⑩］
④ **文献やインターネットで調査をする** ［ワークシート⑪］

## 講義を受けて学問分野の理解を深める［ワークシート⑧］

　学びたい学問分野が「実現したい夢」として定まっている人は，その学問を詳しく調べます。その方法で最もよいのは，**実際にその学問分野に関する講義を受けてみる**ことです。そうすることで，その学問分野のおもしろさや学ぶことの喜びもわかり，本当に自分が知りたい内容が研究できるのかなどが，ある程度自分自身の目で確認することができます。そして何よりも，その体験はあなたの目の前で起こっている紛れもない事実です。これらを素材にすることで嘘のない，信憑性のある志望理由書を書くことができるという大きなメリットも生まれます。

❶ **受講をしたところはどこか，誰の講義か**

　正規の学生でない人でも受講できる模擬授業が行われるのは，多くの場合は大学の**オープンキャンパス**の時です。その時期などは，大学の入試課などに直接問い合わせてみればわかります。また，各大学から，高校・予備校・インターネットなどを通じて広報されるので，高校の掲示物や進路指導室の資料を頻繁にチェックしたり，進路指導担当の先生に尋ねたりするとよいでしょう。

　そのほか，「高大連携セミナー」などと称して，高校へ大学の先生が出向いて出張講義をするケースがあります。また「市民講座」などの形で，市民向けに大学の先生が講義をすることもあります。そういったチャンスも積極的に活用してください。

　いずれにしろ，何らかの形で実際に受講したら，体験した場所や講師の先生名などをワークシート⑧の所定欄に書き込みます。

❷ **どのような講義内容か**

　実際に講義を受けたら，どのような講義だったのか，詳細にまとめましょう。できれば講義を受けた当日にまとめておくと，記憶が薄れずに細かいところまで書くことができます。

❸ **講義を聴いてプラスに感じたことは？**

　そして実際に受講して，どういうこと(内容)を聴いた時に，ためになったと思ったか，よかったと思ったか，楽しかったと思ったかなどを書き出してみましょう。また，なぜそう思ったのか，理由も書いておきます。

❹ **講義を聴いて，イメージと反したことは？**

　逆に，講義を聴いて，自分のイメージと反する内容があったのなら，その点を書き出しておきます。また，なぜそう思ったのか，理由も書いておきます。

❺ **本当に夢を実現したいか**

　ここで，いま一度あなたの「実現したい夢」を思い出し，**本当にその学問分野で勉強したいか，あるいはその仕事に就いて働きたいかどうかを再度確認します**。そして，その理由を，いま書いてきた❸と❹の内容を踏まえながら検討します。その結果が，「初めの思いと違うな」「この分野や仕事でやっていく自信がないな」と思ったとしても，心配はいりません。また **Step 1** からやり直せばいいのです。実際に入学したり，職業に就く前に判断できたわけですから，実害はありません。入学後や就職後だったらそうはいきません。前向きに捉えればよいのです。

＊次のページに，**ワークシート⑧の記入例**を出しておきます。書き方の要領など，参考にしてください。

記入例　　　　　　　　　　　　　　　　　　　　　　　　　　　　ワークシート ⑧

### ❶ 受講をしたところはどこか，誰の講義か

○○大学のオープンキャンパス，○○先生（教授）

### ❷ どのような講義内容か

「法学部ってどういうところ？」
・法律学の基礎になる講義を通して，日本の法律とその限界点を学ぶ。
・現在の問題について，法律学の立場から分析する。

### ❸ 講義を聴いて，プラスに感じたことは

- どういうことを聴いた時か
- どう思ったか
- なぜそう思ったか

観光地のホテルに予約を入れたが，現地で地震が起こったのでキャンセルしたい時，キャンセル料を払うべきか，ということ。民法の「事情変更の原則」によって，キャンセル料は発生しないと聞いた。
→法律のよさを学べて，楽しかった。
→法律によって，立場が弱くなりがちな消費者が保護されているのだと思ったから。

### ❹ 講義を聴いて，イメージと反したことは

- どういうことか
- どう思ったか
- なぜそう思ったか

法律は，必ずしもリスクを企業と消費者それぞれに分担させるわけではないということ。
→リスクを背負わされた企業はかわいそうだと思った。
→天変地異の場合は，企業と消費者ともに原因があるわけではない。
　なのに，一方だけにリスクを背負わせるのは，あまりに不平等だと思うから。

### ❺ 本当に夢を実現したいか

- 本当にその学問分野を学びたいと思うか
- なぜそう思うのか

法律学を学びたい。
→今の法律は，誰にでも平等に利益やリスクが分担できるようになっていない。
→それが現状にあっているかどうかは疑わしい。
→だからその現状を学び，新たな解釈や法の整備が必要だと感じた。
→その担い手になりたいという私の夢が実現できそうだから。

## 職業体験をして職業の理解を深める ［ワークシート⑨］

　「実現したい夢」として就きたい職業を決めた人は，その職業のことを詳しく調べます。この場合も最も効果的な方法は，**現場を見ることや実際に仕事をやってみること**です。そうすることで，その仕事の中身や大変さ，問題点や喜び，あるいは自分の夢が本当に実現できるものかどうかなどを自分自身の目で確認することができます。そして何よりも，体験はあなたの目の前で実際に起こっている紛れもない事実です。そこから得られたことを素材にすることで嘘のない，信憑性のある志望理由書を書くことができるのです。

### ❶ 職業体験をしたところはどこか

　職業体験や見学ができるよいチャンスは，イベントとボランティアの 2 つです。これらを行っているところを探しましょう。このうち職業体験に関するイベントは，多くの場合，その仕事をやっている現場で行われます。そのほか，受験する学校の「体験入学」で職業体験や見学を行うことや，講師を招いて「ワークショップ」を行うこともあります。一方，ボランティアは企業や公的機関で募集しています。

　これらの情報は，各団体や企業から，高校・予備校・インターネットを通じて広報されます。掲示物や進路指導室の資料を頻繁にチェックしたり，進路指導担当の先生に尋ねたりするとよいでしょう。また，日本赤十字社や都道府県・市町村にあるボランティアを支援する部署や関連法人に直接問い合わせても教えてもらえます。

　見つかったならば，体験や見学する場所をワークシート⑨に書き込みます。

### ❷ どのような内容か

　実際に職業体験をしたのならどのような仕事をやったのか，見学したのならどのような場面を見たのかなど，詳細にまとめましょう。できれば，体験をした当日にまとめると，記憶が薄れずに細かく書き込めます。

### ❸ 仕事をしてみて（見学してみて），プラスに感じたことは？

　そして実際に職業体験をしてみて（見学してみて），どういうことをした（された）時にプラスに感じたのか，書き出してみましょう。また，なぜそう思ったのか，理由も整理しておきます。

### ❹ 仕事をしてみて（見学してみて），マイナスに感じたことは？

　逆に，どういうことをした（された）時に悲しいとか苦しいと思ったのか，あるいは問題だと思ったのか，いくつか書き出してみましょう。また，なぜそう思ったのか，理由もまとめます。

### ❺ 本当に夢を実現したいか

　ここで，いま一度あなたの「実現したい夢」を思い出し，本当にその仕事に就いて働きたいかどうかを改めて確認します。そして，その理由を❸❹で答えた内容を踏

まえ，検討します。その結果，もし「この仕事で働きたくない」と思っても大丈夫です。少し面倒ですが，また **Step 1** からやり直せばいいのです。実際に職業に就く前に判断できたわけですから，就いた後で「こんなはずではなかった」と後悔することに比べたら，何でもありません。

＊次のページに，**ワークシート⑨の記入例**を出しておきます。参考にしてください。

記入例　　　　　　　　　　　　　　　　　　　　　　　　　　ワークシート ⑨

### ❶ 職業体験をしたところはどこか

学校で行われた弁護士さんを招いてのワークショップ

### ❷ どのような内容か

交通事故における双方の過失責任について考える。
→実際の現場の様子を調査する。（ここでは手元の資料のみ）
→その上で，誰にどれだけ過失があるのかを判断する。

### ❸ 仕事をしていて（見ていて）プラスに感じたことは

- どういうことをした（された）時か
- どう思ったか
- なぜそう思ったか

事故を起こした人が全責任を負う必要が，ほとんどのケースでないことを知ったとき
→事故を起こした人を少しでも救うことができると思った。
→「赤信号無視で青信号の車に衝突」「赤信号で停止している車に追突」「センターラインで対向車と正面衝突」といったケースでしか過失100％にはならないことを知ったから。

### ❹ 仕事をしていて（見ていて）マイナスに感じたことは

- どういうことをした（された）時か
- どう思ったか
- なぜそう思ったか

事故を起こされた人が悪くなくても，車が動いていたというだけで過失責任を負わなければならないことを知った時
→このことを理不尽に感じた。
→私たちの常識と，法による解釈とにずれが生じているから。

### ❺ 本当に夢を実現したいか

- 本当にその職業に就きたいと思うか
- なぜそう思うのか

法律学を学びたい。
→今の法律には，私たちの考える常識とかけ離れたものがある。
→私たち国民に平等に利益やリスクを与えるのが，本来の法の役割である。
→だから，法と常識とがどれだけかけ離れているのかという現状を知り，法整備しなければならない。
→その担い手になりたいという私の夢が実現できそうだから。

## 先輩や先生にインタビューして理解を深める［ワークシート⑩］

実際の受講体験や職業体験に代わるもうひとつの有効な手段は，
　**実際に勉強や研究をしている人から話を聞くこと**
　**実際にその仕事に就いている人に話を聞くこと**
です。そういう人から研究や仕事の大変さや問題点，あるいは喜びなどを聞きながら，あなたの夢が本当に実現できるものかどうかについても意見を伺うのです。みなさんよりも多くの経験を積んできた先輩たちですから，その体験をもとに適切なアドバイスをしてくれるはずです。

ワークシート⑩に用意した質問以外にも，例えば「ほかの研究者や関連する職業の人たちとどのようにかかわりながら研究や仕事をしているのか」とか，「この仕事をもっと知るにはほかにどのような方法があるか」などと，他の質問を用意してもかまいません。積極的に質問をしてみましょう。

### ❶ 話を伺う研究者や社会人はどんな人？

まずは，話を伺う研究者や社会人の名前とどのような立場なのか（学校名・企業名，所属部署，役職など）を記します。お話を伺える人を探すには，**人脈**と**イベント**を活用します。

まずは，人脈を用いた方法です。自分に身近な人を頼りに，研究者やその仕事に就いている人を探してみましょう。高校の先生に頼んだら卒業生を紹介してくれた，ということもあるようです。

もう１つはイベントを活用した方法です。大学・団体・企業・予備校・高校が催す**ガイダンス**や**座談会**，**オープンキャンパス**などのイベントに参加し，そこに出席されている方から話を伺うのです。

### ❷ 研究や仕事はどのような内容か

実際に話を伺ったら，どのような内容の研究や仕事をされているのか，できるだけ詳しくまとめておきます。

### ❸ 研究や仕事をしていてプラスに感じたことは？

そして先輩に，どういうことをした（された）時にプラスに感じたのかという質問をして，答えてくれた内容を書き込みます。できるだけ詳しい状況をたずねておくようにします。もちろん，なぜそう思ったのかという理由もたずねておきましょう。

### ❹ 研究や仕事をしていてマイナスに感じたことは？

逆に，どういうことをした（された）時に悲しいとか苦しいと思ったか，あるいは問題だと思ったかとたずねて，その答えも書き込みます。もちろん理由もいっしょに聞いておきます。

### ❺ 本当に夢を実現したいか

ここで，本当にその学問分野を続けて行きたいのか，または，本当にその仕事に就いて働きたいのかどうか，自分自身の気持ちを改めて確認します。そして，その理由についても，いま先輩から伺った❸や❹の内容も参考にして検討します。

＊次のページに，**ワークシート⑩の記入例**を出しておきます。書き方のわかりにくいところがあったりしたら，参考にしてください。

記入例　　　　　　　　　　　　　　　　　　　　　　　　　ワークシート ⑩

## ❶ 話を伺う研究者や社会人は

○○さん（人権派の弁護士）

## ❷ 研究や仕事はどのような内容か

人権を侵害されている人の弁護を行っている。
・法律に照らし合わせて，それがいかに人権侵害にあたるのかを調査する。
・人権侵害にあたる事柄がいかに不当であるかを，証拠や証人を集めて照らし合わせる。

## ❸ 研究や仕事をしていてプラスに感じたことは

- どういうことをした（された）時か
- どう思ったか
- なぜそう思ったか

法によるハンセン病患者の人権侵害を国に認めさせた時
→それまでの過程は辛かったけれども，ようやく人権侵害を認めてもらえて嬉しかった。
→今後，同じような人権侵害問題が発生した時，この判例をもとに解決されていく。
→より多くの国民の人権を守るための礎を作ることができたと思ったから。

## ❹ 研究や仕事をしていてマイナスに感じたことは

- どういうことをした（された）時か
- どう思ったか
- なぜそう思ったか

人権侵害を起こした責任を，国が認めてくれない時
→現在の担当者は，その当時の人権侵害問題を知らないので，認めようがない。
→当時の担当者は既に退職しているケースが多く，責任を問いにくい。
→責任の所在が曖昧になり，人権侵害を受けた人に対して申し訳ない気分になるから。

## ❺ 本当に夢を実現したいか

- 本当にその学問分野を学びたい，または職業に就きたいと思うか
- なぜそう思うのか

弁護士になりたい。
→法律の問題点を指摘し，人権を守ることができるのが弁護士の仕事であるとわかった。
→そして多くの人びとの人権を守る仕事ができる。
→法の解釈と弁護によって弱者を救済する弁護士になることを目指したいから。

## 文献やインターネットで理解を深める［ワークシート⑪］

　じっくりと時間をかけてもよいのなら，**文献**や**インターネット**で調べることでもいろいろなことがわかります。

　図書館で，知りたい学問分野や職業に関する文献を読んだり，インターネットでそれらに関する情報を集めてみましょう。直接話を伺うことが難しい人の思想や考え方，あるいは体験談や業績などに，間接的ながら接することができます。最近では，その分野の研究や職業を専門にしている人が，インターネットのサイト（ホームページ）やブログを通して，職業や学問に対する考え方や気持ちを発信していることもあります。それらを通して研究や仕事の内容のほか，大変さや問題点，喜びなどを知ることもできます。

### ❶ 文献やインターネットのサイトの名前は？

　まずは，調べるのに用いた文献や，インターネットならサイトの名前を書きます。また，文献の場合には著者名も同時に記録しておきましょう。その時，その著者はどのような経歴を持っているのかまでわかるとなおよいでしょう。

### ❷ どのような内容か

　文献やインターネットサイトの内容はどのようなものだったのか，詳細にまとめましょう。調べたその日のうちにまとめると，記憶が薄れずに細かく書き込めます。

### ❸ 研究や仕事をしていくうえで興味深かった点は？

　そしてその文献やサイトを通して，研究や仕事をしていくうえでどういったことが興味深いと感じたかをまとめておきます。同時に，なぜそう感じたのか，その理由も書いておきましょう。

### ❹ 研究や仕事をしていくうえでの不足点や疑問点は？

　その文献やサイトを通して，研究や仕事をしていくうえで自分自身にはどういったことが足りないと思ったか，あるいはどういった点をより深く研究したいと思ったかなど，感じたことがあればまとめておきましょう。また，なぜそう考えたのか，その理由もまとめておきます。

### ❺ 本当に夢を実現したいか

　ここで，本当にその学問を続けていきたいか，または，その仕事に就いて働きたいかどうか，あなた自身の気持ちを再度確認します。そしてその理由を，いま答えた❸や❹の内容を踏まえて検討します。

＊次のページに，**ワークシート⑪の記入例**を出しておきます。書き方のわかりにくいところがあったりしたら，参考にしてください。

記入例　　　　　　　　　　　　　　　　　　　　　　　　　　　　　　ワークシート ⑪

### ❶ 文献やインターネットのサイトの名前は

『ドキュメント　弁護士——法と現実のはざまで』（読売新聞社会部著）

### ❷ どのような内容か

弁護士になるまでの道のり，刑事・民事弁護での奮闘と苦悩，犯罪被害者ケアの取り組みを追い，弁護士のあり方を述べている。

### ❸ 研究や仕事をしていくうえで興味深かった点は

- どういう点か
- どう思ったか
- なぜそう思ったか

多くの弁護士の方が，苦悩とともに喜びを感じている点
→法律と現実との間で葛藤しながら，今までにない新しい訴えに挑戦する難しさがわかった。
→新しい時代を切り開く重大さと，被疑者や被告人に向かい合う真摯な態度に心を打たれたから。

### ❹ 研究や仕事をしていくうえでの不足点や疑問点は

- どういう点か
- どう思ったか
- なぜそう思ったか

現代社会に法が適応しない点
→既存の法だけでは，どうしても解決に手間取ってしまうといった問題を抱える。
→法を複雑に組み合わせて解釈していかなければならず，弁護士に負担がかかるから。

### ❺ 本当に夢を実現したいか

- 本当にその学問分野を学びたい，またはその職業に就きたいと思うか
- なぜそう思うのか

法律学を学びたい。
→今の法律には，私たちの考える常識とかけ離れたものがある。
→私たち国民に平等に利益やリスクを与えるのが，本来の法の役割である。
→だから，法と常識とがどれだけかけ離れているのかという現状を知り，対策を考えるべき。
→その担い手になりたいという私の夢が実現できそうだから。

## Step 4　実現したい夢を明らかにする

　ここまでで、**なぜその夢を実現したいと思ったのか**を、「学びたい学問分野」、あるいは「就きたい職業」と関わらせてまとめることができました。そしてそのあと、あなた自身で研究分野や職業についてさらに深く調べることによって、実現したい夢を確固たるものにしてきました。

　この時点で、あなたの「実現したい夢」をさらに明確にしてみましょう。つまり、法律学を学ぶ、弁護士になる、小説家を目指すなどといった、単に学びたい学問や就きたい職業の名前を挙げるだけでなく、「法律学でこういうことを学びたい」とか「こういう小説家になりたい」というように、**あなたが理想とする夢をより詳しく明らかにする**のです。そうすることで、大学の先生方に「これだけ明確な形で夢を抱いているのです」とアピールできるのです。

　ここでは、以下の手順であなたの「実現したい夢」をより明確にしていきます。

### 過去の体験や思考を振り返り、実現したい夢をまとめる［ワークシート⑫］

#### ❶ 過去の体験や思考を振り返る

　夢を抱くきっかけとなった「過去の記憶」を掘り下げたいまの段階なら、理想としている夢が以前よりも格段に明確化しているはずです。例えば、ワークシート④の記入例の段階では漠然としていた「法律学を学びたい」という夢が、記憶とともによみがえったり、思考が深まったことにより、**さらに具体的にイメージできるようになっている**はずです。そこで、ワークシート④から⑪でまとめたことをもとにし、過去の体験を振り返ったうえで、

　　**どのような研究をしたいのか**

　　**その職業に就いてどのような活躍をしたいのか**

ということを頭の中で思い浮かべます。そして、そのことを実現するためにはどのようなことを学ぶべきか順を追って考え、その内容をワークシート⑫に書き入れます。

#### ❷ 実現したい夢を、詳しくかつ簡潔にまとめる

　次に、上の❶の内容をもとに、「どのような研究をしたいのか」、あるいは「その職業に就いてどのように活躍をしたいのか」を一文程度でまとめてみましょう。簡潔にまとめることで、志望理由を書く時に意図が先生方に伝えやすくなります。

＊次のページに、**ワークシート⑫の記入例**を出しておきます。書き方のわかりにくいところがあったりしたら、参考にしてください。

記入例　　　　　　　　　　　　　　　　　　　　　　　　　　　ワークシート ⑫

## ❶ 過去の体験や思考を振り返る

● ワークシート④から⑪をもとに，過去の体験を振り返ったうえで，
どのような研究をしたいのか，職業に就いてどのような活躍をしたいのか，といった内容をメモしておきましょう。

【大学で研究したいこと】
　弱者の人権を守るため，法の解釈方法を研究したい。
　　・今用いられている法律について学ぶ。
　　・人権に対する意識を高める。
　　・法が日本の現状に合わない事象について研究する。
　　・法曹たちがどういう解釈を行ってきたのかを学ぶ。
　　・どう改善すれば効率的に法の運用ができるのかを研究する。

【弁護士になって活躍したいこと】
　弱者を救済する弁護士
　　・大学や法科大学院で学ぶ法運用のノウハウを蓄積する。
　　・実際に扱う事例を，うまく解釈する。
　　・弱者の立場に立った弁護活動を続ける。
　　・法改正の必要性を，関係各所に提言できるようにする。

## ❷ 実現したい夢を簡潔にまとめる

● 上のメモをもとに，どのような研究をしたいのか，職業に就いてどのような活躍をしたいのかを一文程度でまとめてみましょう。

　弱者を支え，社会や法のゆがみを改善できる能力を持つ弁護士

## Step 5　夢を定めた理由をまとめる

　ワークシート①から⑫までの作業で，「実現したい夢」「夢を得たきっかけ」「夢に至る道のり」を書くための材料が集まりました。これらをもとにして，**夢を定めた理由をストーリー化する作業をしていきます**。つまり，採点者の先生方に伝わるよう，ワークシートで集めた材料をうまくつなぎ合わせて文章にするのです。文章にすることで，出来事と夢との間に確かな関連性があることが確認でき，一貫性のあるしっかりとした志望理由書を書くことができます。

　ここではワークシート⑬を使います。

　大まかな流れを言えば，今までのワークシートをもとにして，

> 私は
> 　　こういうことを体験したから　　　　　　（夢を得たきっかけ）
> 　　こういう研究をしたり，こういう職業に就きたいと理想を抱き
> 　　　　　　　　　　　　　　　　　　　　　（実現したい夢）
> 　　理想が実現できそうだと確認したので　　（夢に至る道のり）
> 真剣にこの夢の実現を目指そうと考えた

と順序だてて説明します。つまり，実際に志望理由書に書くように，ストーリー化するのです。こうしておけば，ワークシート⑬を見るだけで提出書類に書く文章の内容が一目でわかります。

　ところで文章化する時，単に起こった通りに事実関係を並べるのではなく，段落ごと(「夢を得たきっかけ」「実現したい夢」「夢に至る道のり」ごと)の構成に，以下のようなひと工夫してみることでよりわかりやすい表現になります。

> これから述べる体験や事例の簡潔なまとめ（序論）
> ↓
> 具体的体験，事例の詳細（本論）
> ↓
> そこから得た学び，思考（結論）

### ❶ こういうことを体験したから（夢を得たきっかけ）

　ワークシート⑤〜⑦に書いた内容を用いて，「**夢を得たきっかけ**」をまとめます。最初に，どのような出来事だったのかを一文で簡潔に示し，導入とします。そのあとは順を追ってその出来事の内容について説明していきます。初めて読む人にも，その出来事の情景がよく伝わるように，できるだけ丁寧な説明を心がけましょう。最後に，その体験からどのように考えて，その研究分野や職業を目指そうと思うようになった

のかをまとめて，締めくくります。

## ❷ こういう研究をしたい，こういう職業に就きたいと理想を抱き（実現したい夢）

次に，ワークシート⑫に書いた内容を用いて，具体的にどういう研究をしたり，あるいはどういう職業に就きたいと考えているかをまとめます。

## ❸ その理想が実現できそうだと確認した（夢に至る道のり）

そのあとで，ワークシート⑧～⑪の内容を用いて，考えている夢が実現できそうかどうかを，自分の力で改めて確認したことをアピールします。

＊次のページに，上で説明したような展開のしかたにもとづいて書いた**ワークシート⑬の記入例**を出しておきます。序論→本論→結論の形など，わかりにくいところがあったら，参考にしてください。

## 記入例　　ワークシート ⑬

| | 詳しい内容 | 使用するワークシート |
|---|---|---|
| 夢を得たきっかけ | 　私は小学校から中学にかけていじめを受けていた。教室にある私の机の上に花を置かれたり，靴の中や椅子に画鋲が置かれたり，掃除のときには自分の机を「汚い」と運んでもらえないなど，度重なる嫌がらせに耐えてきた。原因は分かっている。おかしいことはおかしいという性格が災いしたのだ。自分の価値観に合わない行動や言動に対し，はっきりと「おかしい」と言えば，子どもどうしの人間関係に亀裂が生じ，子どもたちは異質な人間を排除しようとする。また，生まれつき色黒であることや，アレルギー性鼻炎という持病も理由である。肌が黒い，鼻を頻繁にかむから汚いと避けられるのだ。こういった人間でも堂々と生き，弱者を支える環境を整える仕事に就きたいと考えたのは，このような理不尽な差別を受けていたからである。<br>　そして，高校生になって社会的弱者や差別問題についてもっと知ろうと思った。図書館でさまざまな文献を読んで調査したところ，こういった問題の解決には法律の運用や改善が必要なことがわかった。日本には差別を助長したり，弱者を助けられなかったりする事例が多くあった。例えば，『旧土人法』という法律でアイヌ人を差別する，朝日訴訟や堀木訴訟などのように弱者に不利な憲法の解釈をするといったことである。日本は法治国家であり，法律に守られて生きている。本当は弱者を守るべき法が，実際のところ弱者を生み出している現状があるのだ。 | ⑤⑥⑦ |
| 夢に至る道のり | 　しかし，それを救う人がいることがわかった。法律家である。人権派と呼ばれる弁護士の方の講演会を見に行ったり，インタビューを重ねたりした末，弱者を救う行動ができることを知ったからだ。特に，弁護士の講演で聞いたハンセン病の国家賠償請求訴訟の話に大変な興味を抱いた。彼らは，らい予防法によるハンセン病患者の隔離がその時代の医療技術と照らし合わせて妥当かどうかを検討しなければならなかったそうである。その証拠集めや証人集めに苦労したが，その甲斐があって，法による人権侵害を国に認めさせることができたと語ってくださった。こういった取材から，法律の問題点を指摘し，人権を守ることができるのが弁護士の仕事であるとわかった。 | ⑧⑨⑩⑪ |
| 実現したい夢 | 　その時，私は法の解釈と弁護によって弱者を救済する弁護士になることを心に誓った。将来，弱者を支える弁護士として，社会の歪みを改善していきたいと考えている。 | ⑫ |

## 2 「この学校を志望する理由」を明らかにする

　ここまでで「実現したい夢」と，その「夢を定めた理由」を明らかにしてきました。このあとは引き続きワークシートを使って，**「この学校を志望する理由」**を考えていきます。

　ところで，「この学校を志望する理由」は，次のように，あなたの「実現したい夢」と関わらせながら述べなければなりません。

> 私は
> 　　こういう実現したい夢を持っており　　（実現したい夢）
> 　　この学校なら，こういう理由で自分が抱く夢に近づけるので
> 　　　　　　　　　　　　　　　　　　（この学校を志望する理由）
> この学校を志望した

　そのため，受験する学校の特色や内容をしっかりと調べ，その結果を踏まえて「この学校ならわたしの夢が実現できる」と説明すれば，先生方が納得する志望理由書を書くことができます。

　ここからは，Step 6〜Step 8 の手順に従って**「この学校を志望する理由」**を明らかにする作業を進めていきます。

---

### Step 6　学校の特徴を調査する

　「学校を志望する理由」を明らかにするためには，**その学校がどのような特色を持っているのか**がしっかりわかっていないとできません。その学校のことをよく調査することで，自分の夢がその学校で実現できるかどうかを検討することができるのです。

　ここでは，以下の観点から志望する学校の特色や内容をまとめていきます。使用するワークシートは⑭です。

> ❶ 学校の理念を調査する
> ❷ 学校の学習環境を調査する
> ❸ 学校が抱える人材を調査する

## ❶ どういう理念があるか

　各学校には**「建学理念」**や**「教育理念」**というようなものがあります。「理念」とは学校を支える基本的な考え方のことです。これをもとに，学校の具体的な教育方針やカリキュラムなどを決めていくのです。これを調査し，書き入れます。

　各学校の理念はその学校の**学校案内**や**パンフレット，募集要項**などに書かれています。理念としてはっきり掲げられていない場合は，学校案内などにある「学長のあいさつ」などからも探れます。おそらく「○○の育成を目指している…」「○○を目的として…」「○○のような学生を求めます」というように，どういう学生を育てたいか，どういう学生に来てほしいかなどのコメントがあるはずですが，これらは「こういう学生を育てたい」「こういう学生が集まる学校にしたい」という，いわば学校の理念にあたるものです。したがって，それを書き込めばよいのです。

　それでも見つからない場合は，オープンキャンパスや学校説明会で係の人にたずねたり，入試課に直接問い合わせてみるといいでしょう。

## ❷ 教育や設備の特徴，就職支援の特徴は？

　一方，学校の特徴がよく現れるのが**学習環境**です。学校は，理念に基づいて教育方針を決定し，それを実現するのに必要なさまざまな環境を整えます。ゆえに，学習環境は学校によってかなりの差があるので，それらを調査し，明らかにしましょう。

　学習環境にはさまざまなものが含まれるので，例えば，

- 「こういう教育をしている」「留学制度が充実している」「こんな独特なカリキュラムがある」といった**教育内容の特徴**
- 「研究設備が整っている」「実習棟が充実している」「図書館の蔵書数が多い」といった**設備の特徴**
- 「就職サポートがしっかりしている」「国家試験対策が充実している」といった**就職支援の特徴**

のように，要素ごとに分けて整理するとよいでしょう。

　これらの特徴は，学校案内やパンフレットで知ることができます。それ以上の詳しい内容が必要な場合には，オープンキャンパスや学校説明会で実際に見聞きしたり，入試課に問い合わせるなどの方法があります。

## ❸ どんな先生や先輩がいるか

　また，どんな「人材」（おもに教職員）が学校にいるかという点にも特徴が現れます。その学校に属している人は何らかの形で「理念」を共有しているのです。その意味で，優れた先生や先輩がいるかどうか，また，その人たちはどういう点で理念を継承しているのかを知ることも意味のあることです。また，先生の中には，ある分野の研究や指導にたけているという人もいます。それを知ることも重要です。

　これらのことは，その学校の先生や先輩に直接会い，話を伺うことで調べられます。オープンキャンパスや学校説明会のほか，各種イベントなども活用してください。

記入例　　　　　　　　　　　　　　　　　　　　　　　ワークシート ⑭

## ❶ どういう理念があるか

<table>
<tr><td>理念</td><td>
（大学の教育理念）<br>
　社会の進歩を担う精神力を持つ「自立型人材」を育成し，世の中に送り出すこと。<br>
（教育目的）<br>
　・法律学の基本原理を学び，知識を実際に活用していくための応用能力を習得していく。<br>
　・現代社会を，幅広い教養と高度な専門能力で理解し，よりよい方向に変えていく。<br>
　→社会に貢献できる，個性豊かな知的人格形成を目指す。
</td></tr>
</table>

## ❷ 教育の特徴・設備の特徴・就職支援の特徴はあるか

<table>
<tr><td>学習環境</td><td>
（教育）<br>
　自由度が高い履習が可能。<br>
　法職講座や，法科大学院の教授が担当する授業・ゼミナールがある。<br>
　入門から最先端領域までをカバーする多彩な講座がある。<br>
　ガイドライン型のコースモデルがある。<br>
（就職）<br>
　キャリアセンターにて，１年次よりキャリア支援プログラムを実施している。<br>
　キャリアカウンセリングや，ガイダンス・セミナーが豊富である。
</td></tr>
</table>

## ❸ どんな先生や先輩がいるか
　　どういう点で理念を継承しているか，またはどういう指導や研究でたけているか

<table>
<tr><td>人材</td><td>
（どんな先輩？）ゼミナールでの学習内容を面白く紹介してくれた先輩<br>
（どういう点で理念を継承している？）<br>
　先輩は，ゼミナールで行っている「インターネットと法律問題」について語ってくれた。<br>
　→サイバー法が整備されていないから，既存の法や判例を用いて自分なりに解釈する面白さ<br>
　　を教えてくれた。<br>
　→こういう最先端の法律問題は，法律の基礎がしっかり学べていないと取り組めない。<br>
　→学問を実際の社会に応用する能力を持っている先輩がいた。<br>
　→まさに教育目的を達成できている先輩だと感じた。
</td></tr>
</table>

# Step 7　夢が実現できるかどうかを検討する

　学校の特徴調査ができたら，次はそれをもとにして，本当に「実現したい夢」（ワークシート⑫でまとめたこと）がその学校でかなうかどうかを検討します。この作業はとても重要です。**学校と自分の希望とがうまくマッチングするかどうか**，その相性を確認する作業だからです。ここで十分に確認し，この学校に入っても後悔しないという確信が持てれば愛着も生まれ，この学校へ進学したいという気持ちが高まります。**後悔しないための学校選び**の基礎となるところですので，しっかりと検討しましょう。

　ここではワークシート⑮を使い，以下の観点から夢の実現性を検討します。

> ❶ 夢を実現するのに必要な能力を整理する
> ❷ 志望する学校の理念・学習環境・人材と照らし合わせる
> ❸ 夢が実現できるかどうかを検討する

## ❶ 夢の実現に必要な能力は何か

　まずは，ワークシート⑫をもとに，夢を実現するためにはどのような能力が必要かを整理します。「**こういう能力を持っていれば，理想に近づけるはずだ**」というように考えて，その内容を書き込みます。

## ❷ 志望する学校ではどうやって満たせるか

　次に，その能力を養うには，志望する学校のどういったところを活用すればよいのかを考えます。ワークシート⑭でまとめた内容をもとに，「**こう活用すれば，能力を高められる**」というように考えて，その内容を書き込みます。必要であれば，さらに深い調査を進めていくことを勧めます。例えば，インターネットでより詳しく調べたり，シラバス（講義概要）を見せてもらって講義の内容を知ったりすることが挙げられます。

## ❸ この学校で夢が実現できるか

　そして，いま書き込んだ❶と❷の内容をつき合わせて，それぞれの項目ごとに「夢を実現するのに必要な能力が養えるかどうか」を検討し，○，△，×と評価を下します。そして，全体的な評価を総合し，本当に夢を実現できるかどうかを判断します。最後に，なぜそのような評価を下したのか，理由をまとめます。

　もし，実現できそうでなければ，別の学校を再び選択し，**Step 7**からやり直せばよいだけです。自分の夢の実現に妥協をしてはいけません。

＊次のページに，**ワークシート⑮の記入例**を出しておきます。書き方のわかりにくいところがあったりしたら，参考にしてください。

| 記入例 | | ワークシート ⑮ |

| ❶ 夢の実現に必要な能力 | ❷ 志望する学校ではどうやって満たせるか | ❸ 評価 |
|---|---|---|
| いま用いられている法律についての知識 | 　憲法・民法・刑法・商法などの基本的科目を必修科目として受講できる。 | ○ |
| 日本の現状と法とがかみ合わない時の対処能力 | 　現代社会の新しい法的問題に取り組む科目として,「法律学特講」や関連するゼミナールを設置している。 | ○ |
| 人権に対する高い問題意識 | 　「法律学特講」の中に,全国の法学部の中では珍しい「人権政策」という講義がある。日本国憲法に定められている人権保障を,どうやって政策面に生かしているのかを学ぶことができる。 | ○ |

| ❸ この学校で夢が実現できるか | その理由は |
|---|---|
| ○ | 　弱者の人権を守る弁護士として活躍するための,基礎的な能力を養うことができると判断したから。 |

## Step 8　この学校を志望する理由をまとめる

　ワークシート⑭と⑮までの作業で，あなたの夢があなたが志望する学校で実現できるかどうかを検討してきました。これをもとにして，いよいよ最後となる「**この学校を志望する理由をストーリー化する**」作業をしていきます。ワークシート⑬の時と同様に，採点者の先生方に伝わるよう，ワークシート⑭と⑮で集めてきた材料をうまくつなぎ合わせて文章化します。これを完成させれば，志望理由書に必要な材料がすべて揃うことになります。

　なお，ここではワークシート⑯を使います。

　今までのワークシートをもとに，

> 私は
> 　**こういう研究をしたい，こういう職業に就きたいという理想を抱いており**
> 　　　　　　　　　　　　　　　　　　　　　　　（実現したい夢）
> 　**この学校では，こういう点で夢が実現できることがわかったから**
> 　　　　　　　　　　　　　（この学校を志望する理由）
> **この学校を志望したいと考えた**

と順序だてて説明します。ワークシート⑬の時と同様に，実際に志望理由書に書くようにストーリー化するのです。こうしておくことで，ワークシート⑮さえ見れば，提出書類に書く文章の内容が一目でわかります。

　その際，ワークシート⑬の時にも言いましたが，単に起こった通りに事実関係を並べるのではなく，段落ごと（「夢を得たきっかけ」「実現したい夢」「夢に至る道のり」ごと）に，**序論→本論→結論**と展開していくように構成をひと工夫することを忘れないでください。

　参考までに，展開のしかたをもう少し肉付けして示しておきます。

　まず最初に，ワークシート⑫に書いた内容を用いて，**あなたが実現したいと思っている夢**を簡潔にまとめます。次に，ワークシート⑮に書いた内容を用いて，この学校なら**その夢が実現できると思った理由**を具体的にまとめます。そして最後に結論として，**この学校を志望する理由**を簡潔にまとめて締めくくります。

　このようにすると文章にまとまりがつき，わかりやすくなります。これで，志望理由書の内容の完成です。

＊次のページに，**ワークシート⑯の記入例**を出しておきます。書き方のわかりにくいところがあったりしたら，参考にしてください。

記入例　　　　　　　　　　　　　　　　　　　　　　　ワークシート ⑯

| | 詳しい内容 | 使用する<br>ワークシート |
|---|---|---|
| 実現したい夢 | 　私は法の解釈と弁護によって弱者を救済する弁護士になることを心に誓った。将来，弱者を支える弁護士として，社会の歪みを改善していきたいと考えている。 | ⑫ |
| この学校では、このように夢を実現できる | 　そのためには，以下の３点が必要である。第１に今用いられている法律についての知識を習得すること，第２に日本の現状と法がかみ合わないときの対処能力を得ること，第３に人権に対する高い問題意識を持つことである。貴校では，憲法・民法・刑法・商法などの基本的科目を必修科目として受講でき，基礎能力を養うことができる。そして，現代社会の新しい法的問題に取り組む科目として，「法律学徳講」や関連するゼミナールを設置している。この講義を通じ，人権意識を高めたり，法律の運用能力を高めることができる。 | ⑮ |
| この学校を志望する理由 | 　このように，弱者の人権を守る弁護士として活躍するための基礎的な能力を養うには，最適の学校であると判断した。ゆえに，○○大学法学部法律学科を志望する。 | ⑮ |

# part 3 志望理由書を書いてみよう

　ここまでで「夢を定めた理由」「この学校を志望する理由」を考え，内容を練ってきました。そしてワークシート⑬⑯でそれまでの内容をまとめることで，志望理由書に書くための材料はすべてそろいました。このあとはそれらをもとに，提出する書類に書き込むための**文章構成**や**流れ**を考えていきます。

　これらを考えるにあたって注意したいことは，**どのような種類の書類の提出を求められているか**ということです。この違いによって，文章の構成や書くべき内容が変わります。なぜなら，要求されている書類によって，主張すべきことが異なるからです。

　要求される書類としては，およそ次のような場合があります。

> ・**志望理由書**だけを提出する場合
> ・**自己推薦書**だけを提出する場合
> ・**志望理由書と自己推薦書**の両方を提出する場合
> ・**他の質問項目**に答える場合
> ・**プレゼンテーションシート**を提出する場合

　それではまず，手元に「**提出する書類のコピー**」と「**ワークシート⑬⑮⑯**」を用意して，この作業を進めていきましょう。必要に応じて記入例も出しておきましたので，参考にしてください。

## 1　志望理由書だけならこう書こう

### はじめに，自分の夢や主張をストレートに述べる

　まずは，**問われていることを先に答える**ことが大切です。例えば，志望理由書は文

字通り志望する理由，つまり「なぜあなたはこの学校を志望するのか」と聞いているのですから，最初に「わたしはこういう夢を持っており，それを実現するためにこの学校を志望する」とストレートに答えればよいのです。これまでに説明してきた内容で言えば，**「実現したい夢」**と**「学校を志望する理由」**を使って問いに答えるのです。余計な前置きなどを書く必要はありません。

## 次に，そう考えるようになったわけを書く

次に，そのように考えるようになった経緯を時間の経過に合わせて並べ，「こういうきっかけから，こういうふうに考えて，この夢を持つようになった」と説明します。つまり，**「夢を抱くきっかけ」「夢に至る道のり」「実現したい夢」**を起こった順に書けばいいのです。話を順序よく並べた文章はわかりやすく，読み手の頭の中へもスムーズに入っていくものです。もし出来事が2つ以上ある場合でも起こった順に並べ，それらの出来事が起こるにつれて考えが深まっていったというストーリーにすると説得力が増します。

## 最後に，夢や主張の再確認で締めくくる

最後に，もう一度問われていることへの答えを述べて締めくくります。つまり，「こういう夢を実現するには，この学校のこういうところが必要だから，この学校を志望する」というように示すのです。

このような「**主張＋根拠＋主張の再確認**」とつなぐ構成のことを，**序論・本論・結論型の構成**といいます。これを使うと，手軽に文章を構成することができます。

構成を簡単にまとめると，このようになります。

|  | 何を示すのか | 使う材料 |
| --- | --- | --- |
| 序論 | 「わたしはこういう夢を持っており，それを実現するために，この学校を志望する」と率直に答える。（**主張**） | 「実現したい夢」<br>「学校を志望する理由」 |
| 本論 | 「こういうきっかけから，こういうふうに考えて，夢を持つようになった」と順を追って説明する。（**主張を裏付ける根拠**） | 「夢を抱くきっかけ」<br>「夢に至る道のり」<br>「実現したい夢」 |
| 結論 | 本論に示した「実現したい夢」を受け，「こういう夢を実現するには，この学校のこういうところが必要だから，この学校を志望する」と述べる。（**主張の確認**） | 「学校を志望する理由」 |

## ■ 法学部法律学科志望の場合の「志望理由書」

　私は，社会的弱者を救済する弁護士になりたいという夢を持っている。その夢の実現のため，現代における法解釈の能力や現行法に対する基礎知識を学びたいと考えて，○○大学法学部法律学科を志望した。

　人権についての問題意識を持ち始めたきっかけは，小学生から中学生にかけての４年間受け続けたいじめ体験である。教室にある私の机の上に花を置かれたり，靴の中や椅子に画鋲が置かれたり，掃除の時には自分の机を「汚い」と運んでもらえないなど，度重なる嫌がらせに耐えてきた。原因は分かっている。おかしいことはおかしいという自分の性格が災いしたに違いない。自分の価値観に合わない言動に対してはっきりと「おかしい」と言ったために，友だちどうしの人間関係に亀裂が生じ，その結果異質な人間として排除されたのであろう。また，生まれつき色黒であることや，アレルギー性鼻炎という持病も影響していた。肌の色が黒い，鼻を頻繁にかむから汚いと避けられたのだ。その私が負けずに堂々と生き，弱者を支える環境を整える仕事に就きたいと考えたのは，このような理不尽な差別を受けていたからである。

　そして，高校生になって社会的弱者や差別問題についてもっと知ろうと思った。図書館でさまざまな文献を読んで調べたところ，こういった問題の解決には法律の運用や改善が必要なことが分かった。日本には差別を助長したり，弱者を助けられなかった事例が多くあった。例えば，『旧土人法』という法律でアイヌ人を差別する，朝日訴訟や堀木訴訟などのように弱者に不利な憲法の解釈をするといったことである。日本は法治国家であり，国民は法律に守られて生きている。本来は弱者を守るべき法が，実際のところ弱者を生み出している現状があるのだ。

　しかし，それを救う人がいることも知った。法律家である。人権派と呼ばれる弁護士の講演会に行ったり，インタビューを重ねたりした結果，弱者を救う行動ができることも知った。特に，インタビューで聞いたハンセン病の国家賠償請求訴訟の話に大変な興味を抱いた。彼は，らい予防法によるハンセン病患者の隔離が，その時代の医療技術と照らし合わせて妥当かどうかを検討しなければならなかったそうである。証拠集めや証人集めに苦労したが，そのかいがあって，法による人権侵害を国に認めさせたと語ってくれた。こういった取材から，法律の問題点を指摘し，人権を守ることができるのが弁護士であると知った。その時，私は法の解釈と弁護によって弱者を救済する弁護士になりたいと心に誓った。

　このような弁護士を目指すには，基本的人権の尊重を憲法で掲げる日本において，弱者が抱えている法的問題とはどのようなものかを考える力を養う必要があると思った。そのためには，私たちを支える法や現状を照らし合わせ，解釈する力も必要である。そこで，数多い大学の中，現代社会と法との関連をより深く学べる○○大学法学部法律学科に志願した。こちらの大学では，基礎的な法律科目を充実させているだけでなく，法律学特講という講義やゼミナールにおいて，現代社会における法解釈を深く学べるカリキュラムとなっている。現代社会における法の適合について体系だてて学ぶことで，将来，弱者を支える弁護士として，社会の歪みを改善していきたいと考えている。

---

**第１段落　序論**
「実現したい夢」と「学校を志望する理由」を使って，「なぜあなたはこの学校を志望するのか」の問いに対して答えます。

**第２〜４段落　本論**
「夢を抱くきっかけ」，「夢に至る道のり」，「実現したい夢」を使って，「こういうきっかけから，こういうふうに考えて，夢を持つようになった」と示します。

**第５段落　結論**
「学校を志望した理由」を使って，「こういう夢を実現するには，この学校のこういうところが必要なので，この学校を志望する」と締めくくります。

## 2 自己推薦書だけなら こう書こう

### 自信を持って自分を推薦する

　自己推薦書では,「あなたのどういうところをこの学校に推薦するのですか」と聞かれているのですから,**私はこの学校で学ぶべき理想的な学生だから推薦する**,と率直に答えればいいのです。

　学校側は,学校内で他の学生の模範となるような学生が欲しいという希望を持っています。つまり,夢や理想を掲げ,それを実現するために努力しようとする学生に来て欲しいのです。だから「こういう夢を持ち,こういうことを学びたいと思っている目的意識の高い私を推薦する」というように表現すればいいのです。

　以上のことからわかるように,自己推薦書を書くための材料は,志望理由書で使った**「夢を定めた理由」**と**「学校を志望する理由」**で構わないのです。そして志望理由書の場合と同じように,まず「夢を抱いたきっかけ」と「夢に至る道のり」を順に述べ,最後に「学校を志望する理由」を使って,最初に述べたことの再確認で締めくくればよいのです。

　構成を簡単にまとめると,このようになります。

|  | 何を示すのか | 使う材料 |
| --- | --- | --- |
| 序論 | 「私はこういう夢を持ち,こういうことを学びたいと思っているので,私を推薦する」と率直に答える。**(主張)** | 「実現したい夢」<br>「学校を志望する理由」 |
| 本論 | 「こういうきっかけから,こういうふうに考えて,夢を持つようになった」と順を追って説明する。**(主張を裏付ける根拠)** | 「夢を抱くきっかけ」<br>「夢に至る道のり」<br>「実現したい夢」 |
| 結論 | 本論に示した「実現したい夢」を受け,「こういう夢を持ち,こういうことを学びたいと思っている目的意識の高い私を推薦する」と述べる。**(主張の確認)** | 「学校を志望する理由」 |

## ■ 法学部法律学科志望の場合の「自己推薦書」

　私には社会的弱者を救済する弁護士になりたいという夢がある。その夢の実現のために，現代における法解釈の能力や現行法に対する基礎知識を学びたいという強い思いがある。こういう私を○○大学法学部法律学科に推薦する。

　人権についての問題意識を持ち始めたきっかけは，小学生から中学生にかけての4年間受け続けたいじめ体験である。教室にある私の机の上に花を置かれたり，靴の中や椅子に画鋲が置かれたり，掃除の時には自分の机を「汚い」と運んでもらえないなど，度重なる嫌がらせに耐えてきた。原因は分かっている。おかしいことはおかしいという自分の性格が災いしたに違いない。自分の価値観に合わない言動に対してはっきりと「おかしい」と言ったために，友だちどうしの人間関係に亀裂が生じ，その結果異質な人間として排除されたのであろう。また，生まれつき色黒であることや，アレルギー性鼻炎という持病も影響していた。肌の色が黒い，鼻を頻繁にかむから汚いと避けられたのだ。その私が負けずに堂々と生き，弱者を支える環境を整える仕事に就きたいと考えたのは，このような理不尽な差別を受けていたからである。

　そして，高校生になって社会的弱者や差別問題についてもっと知ろうと思った。図書館でさまざまな文献を読んで調べたところ，こういった問題の解決には法律の運用や改善が必要なことがわかった。日本には差別を助長したり，弱者を助けられなかった事例が多くあった。例えば，『旧土人法』という法律でアイヌ人を差別する，朝日訴訟や堀木訴訟などのように弱者に不利な憲法の解釈をするといったことである。日本は法治国家であり，国民は法律に守られて生きている。本来は弱者を守るべき法が，実際のところ弱者を生み出している現状があるのだ。

　しかし，それを救う人がいることもわかった。法律家である。人権派と呼ばれる弁護士の講演会に行ったり，インタビューを重ねたりした結果，弱者を救う行動ができることも知った。特に，インタビューをした方から伺ったハンセン病の国家賠償請求訴訟の話に大きな興味を抱いた。彼は，らい予防法によるハンセン病患者の隔離が，その時代の医療技術と照らし合わせて妥当かどうかを検討しなければならなかったそうである。その証拠集めや証人集めに苦労したが，そのかいがあって，法による人権侵害を国に認めさせることができたと語ってくれた。こういった取材から，法律の問題点を指摘し，人権を守ることができるのが弁護士の仕事であるとわかった。その時，私は法の解釈と弁護によって弱者を救済する弁護士になりたいと心に誓った。

　このような弁護士を目指すには，基本的人権の尊重を憲法で掲げる日本において，弱者が抱えている法的問題とはどのようなものかを考える力を養う必要があると思った。そのためには，私たちを支える法や現状を照らし合わせ，解釈する力も必要である。そこで，数多い大学の中，現代社会と法との関連をより深く学べる○○大学法学部法律学科に志願した。こちらの大学では，基礎的な法律科目を充実させているだけでなく，法律学特講という講義やゼミナールにおいて，現代社会における法解釈を深く学べるカリキュラムとなっている。現代社会における法の適合について体系だ

---

**第1段落　序論**
「実現したい夢」と「学校を志望する理由」を使って，「なぜ自分をこの学校に推薦するのか」の問いに対して答えます。

**第2〜4段落　本論**
「夢を抱くきっかけ」，「夢に至る道のり」，「実現したい夢」を使って，「こういうきっかけから，こういうふうに考えて，夢を持つようになった」と示します。

**第5〜6段落　結論**
「学校を志望した理由」を使って，「こういう夢を持ち，こういうことを学びたいと思っている目的意識の高い私を推薦する」と締めくくります。

てて学ぶことで，将来，弱者を支える弁護士として，社会の歪みを改善していきたいと考えている。
　このような確固たる意志を持って，○○大学法学部法律学科に志望している私を推薦する。

## 3 志望理由書と自己推薦書の両方の場合はこう書こう

### 内容の重複は，あまり気にしなくてもよい

　場合によっては，志望理由書と自己推薦書を両方書かなければならない時もあります。このような場合には，**志望理由書に「学校を志望する理由」を，自己推薦書に「夢を定めた理由」**をそれぞれ中心にして書けばよいでしょう。内容が少々重なることもあるでしょうが，気にしなくて構いません。「夢を定めた理由」と「学校を志望する理由」は密接に関連しているのですから，むしろ自然なことなのです。

　なお，ワークシート⑬⑯のみでは，「学校を志望する理由」を十分に書けない場合もあります。そういう時にはワークシート⑮の内容も参考にして，内容を充実させるようにします。

　ここでも構成を簡単にまとめておきましょう。

【志望理由書】

|  | 何を示すのか | 使う材料 |
| --- | --- | --- |
| 序論 | 「私はこういう夢を持っており，それを実現するために，この学校を志望する」と率直に答える。（主張） | 「実現したい夢」「学校を志望する理由」 |
| 本論 | 「この学校のこういうところから，こういうことを学ぶことができる」と学校を志望する理由を詳しく具体的に示す。（主張を裏付ける根拠） | 「学校を志望する理由」 |
| 結論 | 本論に示した内容を受け，「私の夢を実現できるから，この学校を志望する」と述べる。（主張の確認） | 「学校を志望する理由」 |

## 【自己推薦書】

| | 何を示すのか | 使う材料 |
|---|---|---|
| 序論 | 「私はこういう夢を持ち、こういうことを学びたいと思っているので、私を推薦する」と率直に答える。(主張) | 「実現したい夢」「学校を志望する理由」 |
| 本論 | 「こういうきっかけから、こういうふうに考えて、夢を持つようになった」と順を追って説明する。(主張を裏付ける根拠) | 「夢を抱くきっかけ」「夢に至る道のり」「実現したい夢」 |
| 結論 | 本論に示した「実現したい夢」を受け、「こういう夢を持ち、こういうことを学びたいと思っている目的意識の高い私を推薦する」と簡潔に述べる。(主張の確認) | 「学校を志望する理由」 |

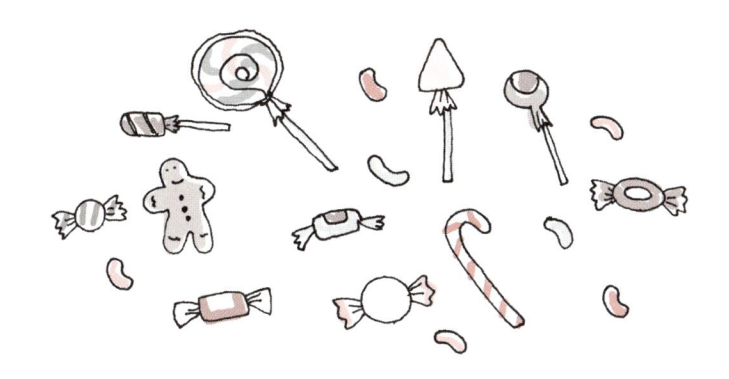

## ■ 法学部法律学科志望で,「志望理由書」と「自己推薦書」を出す場合

【志望理由書】

　私には,社会的弱者を救済する弁護士になりたいという夢がある。その夢の実現のために,現代における法解釈の能力や現行法に対する基礎知識を学びたいと考えて,私は○○大学法学部法律学科を志望した。

　このような弁護士を目指すには何が必要かを考えてみた。何よりも,基本的人権の尊重を憲法で掲げる日本において,弱者が抱えている法的問題とはどのようなものかを考えられる力が必要であろう。また,私たちを支える法や現状を照らし合わせ,解釈する力も必要である。このような能力を養える学校を探していたところ,これらのすべてを学ぶことができる貴校に出会った。

　憲法・民法・刑法・商法などの基本的科目を必修科目として受講できるため,いま用いられている法律についての知識を習得できる。また,現代社会の新しい法的問題に取り組む科目として法律学特講や,関連するゼミナールを設置している。これらを活用することで,日本の現状と法とがかみ合わない時の対処能力を養うことが可能だ。そして,法律学特講の中に,全国の法学部の中でも珍しい「人権政策」という講義がある。日本国憲法に定められている人権保障を,どうやって政策面に生かしているのかを学ぶことができる。つまり,人権に対する高い問題意識を持つための土壌が揃っているわけで,弱者の人権を守る弁護士として活躍するための基礎的な能力を,貴校でなら養うことができると判断したのだ。

　このようにして,現代社会における法の適合について体系だてて学ぶことで,将来,弱者を支える弁護士として社会の歪みを改善していきたいと考えている。

　このような理由から,私は○○大学法学部法律学科を志望する。

> **第1段落　序論**
> 「実現したい夢」と「学校を志望する理由」を使って,「なぜあなたはこの学校を志望するのか」の問いに対して答えます。

> **第2～3段落　本論**
> 「学校を志望する理由」を使って,「この学校のこういうところから,こういうことを学ぶことができる」と学校を志望する理由を詳しく具体的に示します。

> **第4～5段落　結論**
> 「学校を志望する理由」を使って,「この学校のこういうところから,こういうことを学ぶことができるから,この学校を志望する」と学校を志望する理由を改めて述べます。

【自己推薦書】

　私には社会的弱者を救済する弁護士になりたいという夢がある。その夢の実現のために,現代における法解釈の能力や現行法に対する基礎知識を学びたいという強い思いがある。こういう私を○○大学法学部法律学科に推薦する。

　本格的に社会的弱者の差別問題や人権問題について学んだのは,高校生になってからである。朝日訴訟や堀木訴訟などといった弱者に対する法の解釈を調査すればするほど,弱者を守るべき法が,実際のところ弱者を生み出している現状があることがわかったのだ。

　こういった体験から,弱者を支える環境を整える仕事に就きたいと考え,そういった職業を探した。その時に出会ったのが弁護士という職業である。弁護士の講演を聞いたり,インタビューをした末に決断した。特に興味深かったのは,ハンセン病の国家賠償請求訴訟についての弁護士さんの話である。彼は,らい予防法によるハンセン病患者の隔離がその時代の医療技術と照らし合わせて妥当かどうかを検討しなければならなかったそうであ

> **第1段落　序論**
> 「実現したい夢」と「学校を志望する理由」を使って,「なぜ自分をこの学校に推薦するのか」の問いに対して答えます。

> **第2～3段落　本論**
> 「夢を抱くきっかけ」,「夢に至る道のり」,「実現したい夢」を使って,「こういうきっかけから,こういうふうに考えて,夢をもつようになった」と示します。

る。その証拠集めや証人集めに苦労したが、その成果が実って法による人権侵害を国に認めさせることができたと語ってくれた。こういった取材から、法律の問題点を指摘し、人権を守ることができるのが弁護士の仕事であるとわかった。その時、私は法の解釈と弁護によって弱者を救済する弁護士になることを心に誓った。

　このような弁護士を目指すには、弱者が抱えている法的問題を考える力を養わなければならないと思った。そのためには、私たちを支える法や現状を照らし合わせ、解釈する力も必要である。現代社会における法の適合について、貴校で体系だてて学ぶことで、将来弁護士として社会の歪みを改善できる人材になりたいと考えている。

　このような確固たる意志のもと、○○大学法学部法律学科を志望している私を推薦する。

> **第4〜5段落　結論**
> 「学校を志望した理由」を使って、「こういう夢を持ち、こういうことを学びたいと思っている目的意識の高い私を推薦する」と締めくくります。

# 4 他のことについて問われた場合はこう書こう

## 質問内容や字数に応じて，構成を考える

　学校に提出する書類の中で，**志望理由以外のこと**について質問される場合があります。例えば，趣味や特技，あるいは学校での部活動や課外活動などについてが主なものです。

　この場合でも，志望理由書を書く時に使った構成法で書けばよいのです。その時，字数が多い場合は**「序論・本論・結論」型**を使います。つまり，最初に質問に対する答えを書き，次にその理由や具体例を，そして最後に再び質問に対する答えを書くといった具合です。

　これに対して字数が少ない場合は，**「結論・本論」型**の構成を使うのがよいでしょう。つまり，最初に質問に対する答えを書き，そのあとは字数が許す範囲で理由や具体例を示すのです。

## 答えは率直に書けばよいが，あくまでも常識の範囲内で

　質問に対する答えは率直に，正直に書いて構いませんが，あくまでも**学校に提出する書類であり，それをもとに合否を判定される**ことを忘れないようにしましょう。例えば，「好きな本は何ですか」と問われてマンガ雑誌を答えるといったことは，いくら「率直に，正直に」とはいえ，避けるべきです。

以下によく問われる質問例を挙げておきますので，参考にしてください。

```
◎ 自分にかかわること
    ・趣味や特技                    ・好きな本や映画など
    ・自分自身について（長所・短所など）
◎ 過去にかかわるもの
    ・学校での部活動                ・委員会や課外活動
    ・学習姿勢                      ・ボランティア経験など
◎ 将来にかかわるもの
    ・学校の講義以外でやりたいこと
    ・将来の展望など
```

## ■ その他の質問に対する答え方の例

**質問項目：好きな本　（「序論・本論・結論」型）**

　私が好きな本は，飛鳥井千砂さんの小説『はるがいったら』である。
　完璧主義者の姉と，淡々とした性格の弟の気持ちが丁寧に示されている。この姉弟に似ている友人がおり，本の中にあるような気持ちのすれ違いが現実の場面で起こっている。登場人物を友人と重ね合わせることで，友人それぞれが持っている性格や価値観を少し理解することができたような気がした。これは文学の性質によるものだと考える。つまり，実際には存在しない擬似的な世界を読み手に想像させる。そして，実際に起こっていることと重ね合わせて楽しむことができる。
　この本は，私に他者の考え方を理解する方法を教えてくれた。ゆえにこの小説が好きなのだ。

> **第1段落　序論**
> 好きな本は何か，率直に答えます。学部に関連する本などを挙げると，学習に取り組んでいる姿勢をアピールできます。
>
> **第2段落　本論**
> 本の内容を交えつつ，その本が好きな理由を述べます。
>
> **第3段落　結論**
> 最後にもう一度，簡単に理由や答えをまとめ，締めくくります。

**質問項目：あなたはどういう人間か　（「結論・本論」型）**

・問題解決型の人間
　私は，問題を解決するように心がける人間である。
　文化祭実行委員長としての活動を例に挙げる。例年，我が校の文化祭ではゴミの不法投棄が問題となっていた。来訪者が持ち出した模擬店のプラスチック容器やカップなどが，近隣に投棄されていくのだ。そこで私はデポジット制の導入を提案した。容器を返却してもらう代わりに，預かっていた容器代を返金することで容器回収率98％を達成した。

> **第1段落　結論**
> どのような人間なのかを率直に答えます。
>
> **第2段落　本論**
> 体験を交えつつ，なぜそういう人間といえるのか理由を述べます。

**質問項目：学校の講義以外でやりたいこと　（「結論・本論」型）**

・人脈をひろげること
　サークル活動やボランティア活動を積極的に行うことで，自分と違う価値観を持つ多くの人と出会い，人脈を広げたい。そうすることで，コミュニケーション能力や他者を理解する力を養うことができるからである。
　この能力は，依頼者や関係者等と折衝する際など，法曹として活躍する時にも現場で活用できるという利点もあるからだ。

> **第1段落　結論**
> 講義以外でやりたいことを率直に答えます。
>
> **第2段落　本論**
> なぜやりたいのか，入学後の学習や社会人になったあとの効果を交えて理由を述べると，効果的でしょう。

# 5 プレゼンテーションシートにはこう書こう

## わかりやすく伝える方法を考える

　近頃では，マス目や罫線が入った用紙ではなく，記入欄を空白にし，「**プレゼンテーションシート**に自由に書き込みなさい」という形式をとる学校も増えてきました。こういった場合は，**文字で書くことだけにとらわれず**，分かりやすく伝える方法を考えましょう。例えば，**図や表による表現，写真，絵**などを利用するとよいでしょう。また，色の使い方や文字の大きさにも工夫を加えると，相手に伝わりやすいプレゼンテーションシートが出来上がります。

　ここでは，いくつかの表現のしかたの例と，それぞれの特徴を紹介しますので，参考にしてください。

### ロジックツリー

◆ ある1つの事象に関係するいくつかの項目をまとめる時などに使う。

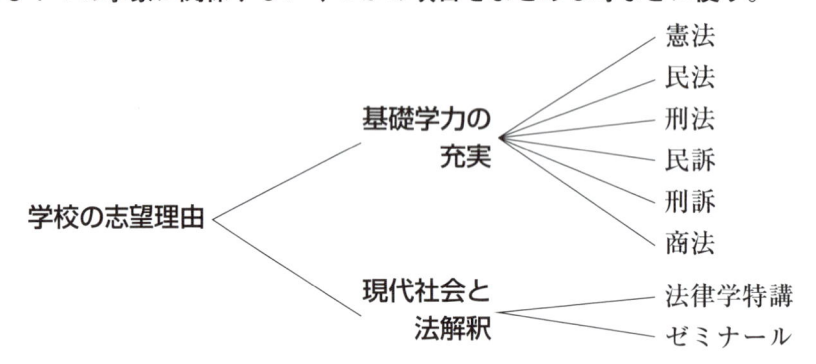

```
                         ┌── 憲法
                         ├── 民法
             ┌ 基礎学力の ┼── 刑法
             │   充実    ├── 民訴
             │           ├── 刑訴
学校の志望理由 ┤           └── 商法
             │
             │ 現代社会と ┌── 法律学特講
             └ 法解釈    └── ゼミナール
```

### 円交差図

◆ グループどうしの重なりや関係を表す時に使う。

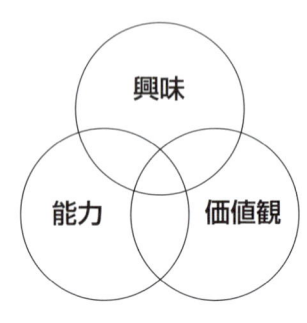

（興味・能力・価値観の3つの円が重なり合うベン図）

## フローチャート

◆ いろいろな事象を，時間の流れや因果関係に沿ってまとめる時に使う。

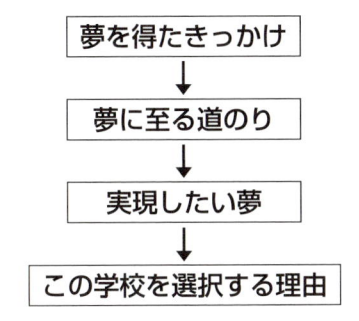

```
夢を得たきっかけ
    ↓
夢に至る道のり
    ↓
実現したい夢
    ↓
この学校を選択する理由
```

## Tチャート

◆ 表に表して，関係ある項目をまとめる時に使う。

|  | 利　点 | 欠　点 |
|---|---|---|
| AO・推薦入試 | ・受験が早く終わる。<br>・その学生が真面目に学んでくれるかが見抜ける。 | ・入学後の学力が心配。<br>・学力が高い受験生が集まりにくい。 |
| 一般入試 | ・客観的に，点数に基づいて公平に合格者を選ぶことができる。 | ・受験生の負担が大きい。<br>・多様な人材が集まりにくい。 |

＊なお，**コンピュータ**で作成したものでもよい場合は，積極的に活用することです。手書きの場合とは違って，**スマートでわかりやすいものが容易に作れます**。例えば，マイクロソフト社のExcelというソフトでは，表に数値を入れて操作するだけで，手軽にグラフを作成できます。また，Powerpointというソフトを使うと，プレゼンテーションのためのスライドやアニメーションを簡単な操作で作成することもできます。

　次のページに，コンピュータを使って作ったごく簡単な例を出しておきます。参考にしてください。

## 私の志望理由

### 社会的弱者の問題に取り組んだきっかけ

① いじめ体験（小学5年〜中学2年）
② 社会的弱者・差別問題の調査（高校1年〜2年）

⇩

**法や社会が差別を生み出している現状を知る**

⇩

### 弁護士を目指そうとしたきっかけ

① ハンセン病の裁判に関わる○○弁護士へのインタビュー（高校3年）
② ○○弁護士の講演会（高校3年）

⇩

**法律の問題点を指摘し，人権を擁護するのが 弁護士の役割 だ**

⇩

### 貴校で学びたいこと

① 法律の基礎学習を徹底する
　（基礎的な法律科目を活用する）
② 現代社会における法解釈を深く学ぶ
　（「法律学特講」やゼミナールなど）

⇩

**現代社会における法の適合 について 体系だてて学ぶ**

⇩

### 実現したい夢

**社会的弱者を救済する弁護士になること**

---

＊使用した図
志望理由など，時間の流れや因果関係を明確に示したい時は，フローチャートがおすすめです。

＊文字について
ポイントになるようなところや題名には，色・アンダーライン・網掛け・太字・文字の拡大などをして目立たせましょう。一方，説明をさらっと流したい部分は小さく，通常の書体で書くといいでしょう。こういったメリハリが重要です。

＊内容について
できる限り簡潔にまとめます。だらだらと文章で説明を書きすぎないことがポイントです。

＊その他の注意事項
他には，写真やイラストを描くとわかりやすい場合があります。ただし，そういったものの使用が許されるかどうかは，事前に入試課に尋ねる必要があります。

Section 3

# 実際の書式の書き方と提出

実際に志望理由書を書く時の書き方と注意点。そして提出する時にはここがチェックポイント。

## part 1
# 実際に書く時の注意点

　ここまで，志望理由書や自己推薦書を書く時の材料を集め，それをもとに全体の構成を考えたり，実際に文章にすることなどを学んできました。次からは，いよいよ実際の書式に合わせて書き込む作業へと進みます。

　言うまでもなく，応募に際して学校に提出する書類は多くの先生方の目に触れる公的なものです。ですから，好きなように書いてよいというわけではなく，そういったものを書く時のルールにしたがわなければなりません。ここでは，そのルールや決まり事を中心に説明していきます。実際の書類を書き込む時には，積極的に参考にしてください。

## 1　筆記具の選び方と，原稿用紙の使い方

### 筆記具は黒のボールペンか，耐水性インクのペンで

　いわば公的な書類ですから，書かれていたことが何かの拍子で消えてしまったり，改ざんされてしまうのは問題です。そういうことを防ぐために，書類に書き込む時は，**黒色インクのボールペン**か，**耐水性インクのペン**を使いましょう。水性インクのペンは，水をかぶった時などににじんで読めなくなることがあるのでよくありません。

　また，できれば鉛筆であらかじめ下書きをしたあと，インクで書き込むようにします。いきなりインクで書き込むと，書き損じをした時に困ります。というのは，修正液を使ったり，間違い部分をペンで黒く塗ったりすると汚くなり，与える印象が悪くなります。それを避けるために，**面倒でも鉛筆で下書きをする**のです。このとき，清書したあとで鉛筆の文字をきれいに消しておくことを忘れずに。

　なお，鉛筆で下書きをしても自信のない人は，書く前の書式をコピーし，それを使って一度練習するとよいでしょう。字の大きさや間隔，読みやすさなどが事前に練習でき

たり確認できることのほかに，とにかく**一度書くことで本番を書くときの緊張感を和らげる**ことにもなります。

## 原稿用紙の使い方に関する注意点

　志望理由書などの書式では，マス目が書かれているものがあります。それを使うときは，原稿用紙の使い方にしたがわなければいけません。

　それほど複雑な文章を書くわけではないので，以下の「マス目の使い方」，および「段落の分け方」くらいを知っていれば対応できるでしょう。

### ◆ マス目の使い方

① 1マスに1字が原則。
② 句読点（，や。）も1字分使う。
③ かっこ（　）を使う時も，前後それぞれで1字分ずつ使う。
④ カギかっこは「　」を使う。これも前後それぞれが1字分。"　"は原則として使わない。
⑤ 『　』は書籍名や題名などを示す時や，「　」の中のカギかっことして使う。
⑥ 行の頭に句読点や閉じかっこは置かない。そうなる場合は，前の行の行末に文字といっしょに1マスの中に書き込む。
⑦ タイトルを書かなければならない時は，1行目に2～3マス空けて書く。

### ◆ 段落の分け方

　段落とは，**話の内容（意味）のまとまりの単位**です。だから，別の話になる時は段落を変えます。例えば，「序論・本論・結論」型の構成で書くなら，序論・本論・結論それぞれをひと段落ずつとし，合計3段落に分けるのが自然です。同様に，「結論・本論」型の場合なら合計2段落に分けるわけるとよいでしょう。

　さらに，本論の具体例が2つ以上あるような場合は，それぞれの具体例1つで1段落を作るなどして，区切りのいいところで分けると読みやすくなります。ただし，制限字数が少ない場合（200字以下など）の論述では，**無理して段落分けをする必要はありません**。

　なお，段落分けをした時，**それぞれの段落の1行目の行頭をひとマス空けること**を忘れないようにしましょう。

## 2 | 文章を書く時の表現や表記上の基本的なルール

### 僕(ぼく)・あたし・お父さん・お母さんはダメ

　自分の呼称，すなわち一人称代名詞は**「私(わたし)」**で統一しましょう。「僕(ぼく)」や「あたし」，「おれ」，「自分」などの表記は使いません。
　また，次の表記にも気をつけましょう。何ら疑問を抱かずに使っている人が意外に多いものです。

＊よくない例と，改善例

| | | | |
|---|---|---|---|
| ✕ | お父さん・お母さん | → | ○ 父・母 |
| ✕ | お兄さん・お姉さん | → | ○ 兄・姉 |
| ✕ | おじいさん・おばあさん | → | ○ 祖父・祖母 |
| ✕ | 校長・教頭 | → | ○ 校長先生・教頭先生 |
| ✕ | クラスの担任 | → | ○ クラスの担任の先生 |

### 文末は，「〜です。」か「〜である。」のどちらかで統一する

　文章の終わりの文体(文末表現)には2つの形があります。1つは「〜である。」「〜だ。」や終止形で終わる形で，**常体**といいます。もう1つは，「〜です。」「〜ます。」で終わる形で，こちらを**敬体**といいます。
　志望理由書などの提出書類ではどちらを使っても構いませんが，常体なら常体，敬体なら敬体で，始めから終わりまで統一します。**常体と敬体を混ぜて使うのはよくありません。**

### 一文の長さはできるだけ短くする

　1つの文章が長くなりすぎると，次の2つの理由でわかりにくくなります。
　1つ目は，**主語と述語の関係**が曖昧になったり，見えにくくなったりするので，わかりにくい文章になりがちです。もう1つは，**修飾語と被修飾語の関係**も曖昧になったり，複雑になったりするので，こちらも文章をわかりにくくしてしまいます。
　そうならないようにするには，**一文はできるだけ短くする**ように心がけることです。具体的には，1つの文章の中に出てくる主語・述語の関係は，多くても2回までにするようにします。

\*よくない例と，改善例

> ✕ 私には社会的弱者を救済する弁護士になりたいという夢があり，その実現のために，現代における法解釈の能力や現行法に対する基礎知識を学びたいという意識を持っているので，こういう私を○○大学法学部法律学科に推薦する。
> ○ 私には社会的弱者を救済する弁護士になりたいという夢がある。その実現のために，現代における法解釈の能力や現行法に対する基礎知識を学びたいという意識を持っている。こういう私を○○大学法学部法律学科に推薦する。

## うっかりして使いがちな表現や表記

　入学試験を受けるに際して学校へ提出する書類は，いわば公的文書的な性格を持っています。ですから，ふだん友だちとの間では普通に使っているような表現や表記でも，提出書類では使わない方がよいものがあります。その中でも代表的なものは会話調の表現，略字，略語です。これらを使うと減点の対象となる可能性が高いので，もしあなたが普段使っている場合は，以下のように改めましょう。

\*よくない例と，改善例

[会話調の表現]
✕「～しちゃう」　　→　○「～してしまう」
✕「～じゃない」　　→　○「～ではない」
✕「～って(感じ)」　→　○「～と(いう感じ)」
✕「～とか(いう)」　→　○「～など(という)」
✕「～なんだ」　　　→　○「～なのだ」
✕「～なんていう」　→　○「～などという」
✕「でも，けど」　　→　○「けれども，しかし」　など

[略　字]
✕「門」(もんがまえ)の略字　门
✕「第」の略字　㐧

[略　語]
✕ 定演　　　　　→　○ 定期演奏会
✕ 部活の朝練　　→　○ 部活動の朝練習
✕ インハイ　　　→　○ インターハイ
✕ H・R　　　　→　○ ホームルーム

## ？や！などの記号は，使わない方がベター

　？や！などの欧文記号は，できるだけ使わない方がよいでしょう。そもそもこれらの記号は，日本語の表記の中にはなかったものであり，また，どのようなケースで使う

かなどの定義も曖昧だからです。「使う必要がない」と判断されてマイナス評価につながることもあるので，できるだけ使わない方がよいと思います。

\*よくない例と，改善例

[会話調の表現]
- ✕ 賛成ですか？反対ですか？ ⟶ ○ 賛成ですか，反対ですか。
- ✕ 何と素晴らしいことか！ ⟶ ○ 何と素晴らしいことか。
- ✕ "気配り"を意味する ⟶ ○ 「気配り」を意味する

## 数字とアルファベット表記の約束事

<u>数字表記の約束事</u>は，縦書きか横書きかによって違います。まず，縦書き表記では数字は基本的に漢数字で統一し，アラビア数字は使わないようにします。これに対して，横書きでは特にそうした決まりはないので，漢数字・アラビア数字のどちらを使ってもよいですが，**混ぜて使うのは避けましょう。**

数字を書くときのマス目の使い方は，漢数字の場合は1字1マスとします。横書きでアラビア数字を書く場合は，1マス1字でも，1マス2字でもどちらでもよろしい。

一方，アルファベットは，縦書きでは読みにくいので使わない方がよいと思います。カタカナ表記をして，訳注などをかっこで入れた方がわかりやすいでしょう。しかし，綴りなどを示す必要からあえて使う場合は，1マスに1文字を表記します。これに対して横書きでは，アラビア数字と同じで，1マスに1文字でも2文字でも構いません。

## 達筆でなくても丁寧な字を

「自分の字はきたない」と自覚のある人，あるいは過去にそうした指摘を受けたことがある人は，にわかに字がきれいに書けるようになるわけでもないので，とりあえずは**丁寧にしっかりとした字を書くことです**。読み手である試験官の先生方も生身の人間ですから，読む気にもならないような雑な字の提出書類には，高い評価はつけません。「読みにくい文字や数字は採点しない」といったコメントをしている学校もあるくらいですから，とにかく丁寧でしっかりした字を心がけてください。

字に関連してもう一点。漢字で書きたいのに自信がない場合は，**必ず辞書で調べて正しい漢字を書きましょう**。間違った漢字は論外ですが，自信がないからといって，「勉きょう」，「だん固」，「残こく」などというような，漢字カナ混じりの表記はよくありません。正しい漢字がどうしても思い出せない時は，ほかの言葉でいいかえるなどしましょう。

## 呼応表現の誤用に要注意

「まったく（ぜんぜん）〜ない」，「もしも〜ならば」，「たぶん〜だろう」，「なぜなら〜

だからだ」といった呼応表現は正しく使うようにしましょう。とくに，最近の会話の中では誤用しているものもありますから，注意が必要です。

また，呼応関係は一文の中でしか働きません。

### ＊誤用例と正しい表現

> ✕ ぜんぜん楽しい。
> ◯ ぜんぜん楽しくない。
> ✕ なぜなら貴校は人権を考える講義が充実している。そして，弱者を保護する法解釈ができるようになる力が身に付けられるからだ。
> ◯ なぜなら貴校は人権を考える講義が充実しており，弱者を保護する法解釈ができるようになる力が身に付けられるからだ。

## 「思う」，「考える」の使いすぎは逆効果も

「思う」または「考える」という表現は，とくに志望理由書や自己推薦書などではよく出てくると思いますが，使いすぎには注意したい表現です。使いすぎると意識ばかりが先走った感じで，**どことなく不自然な文章に見えがち**です。序論や結論を書く際に，「私は〜考える（思う）」と書くくらいでやめておく方が効果的です。

# part 2
# いよいよ提出。
# 書類は揃っているか

必要書類が作れたら，あとは学校に提出するだけです。この時，提出漏れがあったりしたら一大事です。そうならないように，提出書類をリストアップして揃えます。必要かどうかが曖昧なものについては，面倒がらずに募集要項などに戻って確かめてください。そして，期日に間に合うように少し余裕をもって提出しましょう。

## 1 提出書類に不備がないか，最終チェックしよう

### 願書に記入漏れはないか，写真は貼ったか

<u>願書</u>は，学校に入学することを許可してもらうための提出書類です。氏名・生年月日・住所・電話番号などといった個人情報のほか，いくつかの質問事項など，記入すべき箇所がたくさんあります。間違いや記入漏れがないか，もう一度確認しておきます。

そして，<u>顔写真</u>を指定の位置に貼ります。カラーか白黒か，サイズなどは学校によって異なりますので，写真を撮る前に確認しておきます。また，万が一願書からはがれた時のために，**写真の裏には名前を記入しておく**ことを勧めます。

そのほか，場合によっては<u>保証人</u>を立てるよう求められることがあります。その時は，親類にお願いするのが一般的です。

### 志望理由書・自己推薦書も最終チェック

ここまで苦労して仕上げた志望理由書や自己推薦書を同封します。もう一度目を通して，書き損じや下書きの消し忘れはないかなど，最終チェックしておくと安心です。

## 調査書や推薦書が必要な場合も

　あなたの最終学歴を証明するため，もしくはそれまで在籍した学校での学習状況を知るために，調査書の提出が求められます。

　さらに，自己推薦以外の推薦入試では，推薦書や志願者評価書の提出を求められることがあります。これらの記入をお願いする人は誰なのかを募集要項で確認し，期日に余裕をもってお願いします。特に，一般推薦で学校の先生にお願いする時は，それらの方はお忙しいことが多いので，書いていただけるまでにかなりの時間を要すると考えておくべきです。時間の余裕を十分とってお願いしましょう。また，書いていただいた方には，きちんとお礼を申し上げることを忘れてはなりません。

## AO入試や自己推薦入試では，実績や資格を証明する書類も

　AO入試や自己推薦入試などでは，自分が活躍したことを証明する書類の提出を求められる場合があります。TOEICや英検の成績表，各種資格の認定証，高校での活躍を証明するもの（例；インターハイでの賞状）など，必要なものは事前に揃えておきます。（ほとんどの場合はコピーで可）

## 受験料の支払い証明が必要なこともある

　受験料を払い込んだことを証明するため，払込金の受領証や振込通知書（のコピー）を求めることがあります。そんな時のためにも，払込済みの受領証や振込通知書は紛失しないように保管しておかなければなりません。

## 返信用の封筒やはがきを必要とする学校もある

　試験の結果を受験者に通知するために，返信用の封筒やはがきを入れるように求める学校もあります。その時，切手を貼ることを求めている場合が一般的なので，貼り忘れをしないように注意が必要です。

# 2 いよいよ提出。こんなところに注意しよう

## 先ず，受験料を支払おう

　どんな形の入学試験であれ，受験料が必要です。受験料は学校によって，あるいは

同じ学校でも入試形態によって違うこともありますから，募集要項などできちんと確認しましょう。

ところで，受験料を支払う方法もさまざまです。多くの場合，募集要項などに添えてある**振込用紙**を使って振り込むのが一般的です。振り込み用紙にある指示にしたがって振り込みます。学校によっては，**郵便為替**での支払いを求めることがあります。これは郵便局の窓口で購入できますので，係の人にたずねてください。

## 最後に，必要書類を最終確認して封筒に入れる

最後に，リストアップした必要書類が漏れなく揃っていることを確認し，封筒に入れます。そして，しっかりとのり付けしましょう。

そのあとはいよいよ提出です。ほとんどの場合は郵送になりますが，どういう種類で送るのか（**書留，配達記録，速達**など）の指示がありますので，事前に募集要項で確認し，その通りにします。なお，学校の窓口での提出を許可している場合もあります。受験当日の下見を兼ねて直接窓口へ持参して提出するというのも，1つの方法でしょう。

## 出願の締め切り日を間違えないように

出願の締め切りに注意しましょう。早めに出せば問題はないのですが，最悪の場合のことも考えて，当日消印有効か当日必着かといったことが募集要項には書かれていますので，必ず確認しておいてください。いずれにしろ，郵便事故などもないことはないので，**期間にゆとりをもって提出するのがよい**と思います。

Section **4**

# 私は この志望理由書で 合格した

難関を克服し，見事合格した先輩たちの志望理由書を大公開。キミも続け，これらの先輩たちに。

Section 4 私はこの志望理由書で合格した

● ここからは，見事合格を勝ち取った6人の先輩たちの実際の志望理由書を示します。6人それぞれの条件や境遇はもちろんのこと，志望する学部や学科は異なりますが，それぞれに見習ってほしいところがたくさんあります。**あなたらしさがしっかりと現れている志望理由書**を書く時の参考にしてください。

## Aさんの場合　（法政大学文学部日本文学科）

[志望理由書]（1600字以内。以下の事項について盛り込むこと。）
・日本文学または日本語学に関心を持つようになった理由
・本学の日本文学科を選択した理由
・あなたの「人物アピール」

　私は無類の文学好きである。それが昂じて，絵本作家になりたいという夢を抱いている。それを実現できる所が法政大学文学部日本文学科である。ゆえに貴校を志望した。
　私の遊び場は本の中だった。幼い頃，母は私を図書館に連れて行き，絵本を読ませることを習慣にしていた。母は毎日毎日本棚にある絵本を端から手に取り，幼い私に読み聞かせてくれた。平仮名や漢字を覚える年頃になると，ひとりで図書館に通っては本を読むようになり，いつの間にか全ての棚の本を読み終えるほどの本好きになっていた。現在も，本を読んで楽しむことが習慣になっている。特に私は絵本の類が好きで，今でも多くの絵本を読んでは思いを馳せている。[*1]
　なぜここまで文学，なかでも特に絵本が好きになったのか。それまでは文学とは芸術であり，例えていうなら嗜好品と同じであると考えていた。そして体が，脳が文学を欲していたのだ。だからこう問われると，「とにかく好きだから」としか答えようがなかった。つまり文学が好きである理由を改めて考えることはなかったのだ。この答えを探すために，今までの読書歴を思い起こしてみた。高校3年の春のことである。本棚の整理を始めてみたところ，懐かしさとともに，子供の頃に抱いた感情とは違う気持ちがわいてきたことに気付いた。
　中川李枝子・山脇百合子著の『ぐりとぐら』を例に挙げる。この絵本は幼稚園の頃に読んだ1冊で，今も私の本棚に残っている。ページをめくると，鍋のふたを取ったときに顔を出すふんわりとしたかすてらが描かれている。これはぐりとぐらが作ったものである。幼い頃，このページを何度も開き，甘い香りを想像し，それを見て幸せを感じていた。今思うと，子供の頃は絵本の絵に注目し，思いを馳せていたことがわかる。しかし，今改めて読むと，文章にも面白さが隠れていることに気付く。卵が大きすぎて運べないから，この場でカステラを作ろうとする二匹の行動に，チャレンジ精神や実行力，柔軟な思考を垣間見る。また，俳句と同様の13文字で主に展開することによって，テンポの良さが生まれ，展開に面白さを感じる。この文章執筆の背景には，著者の保母の経験があるそうだ。とにかく子供が本のことが好きになるように願い，作られたそうである。リズミカルな文章，読み手の気持ちをほぐす配慮，メリハリのあるストーリー展開，これらはすべて子供たちに向けた気配りであったのだ。
　読み手は文学の世界に入ることで，自分が体験していない物語を疑似体験でき，登場

人物を通して様々な人の目線で物事を考える。閉ざされた環境下にいる自分を解放し，別の世界が垣間見られることを求め，読書を楽しんでいるのだ。著者はそれをしっかりと捉え，魅力ある作品を世に送り出している。そのことに気付き，文学の奥深さ，楽しさとともに，著者の意図や背景を含めた読書の面白さを改めて感じる大きなきっかけとなった。そして，将来絵本作家になりたいという夢を持つ私にとって，このことに気付けたのは大きな収穫であった。絵本が作られていく過程や背景を知ることで，読者はどういう点を捉え，その作品に面白さを感じるのかを深く追求していけるのではないかと考えたからである。*2

　その実現のためには，法政大学文学部日本文学科での学びが不可欠である。文芸コースでは，プロットや表現方法を学び，作品に生かせるカリキュラムが組まれている。また，必修科目では日本文学に関する基礎事項を体系的に学ぶことが可能である。これらの環境のもと，子供，そして大人になっても心に残る絵本を著すことができる力を育てていきたいと思う。これが，法政大学文学部日本文学科を志望した理由である。*3

---

*1　第1～2段落は**序論**にあたる部分です。ここでは，**日本文学科を志望した理由と実現したい夢**を簡潔に述べます。

*2　第3～5段落は**本論**にあたる部分です。ここでは，**日本文学に関心を持った理由とその背景**などを，できるだけ丁寧に説明します。段落はいくつに区切っても構いませんが，一段落があまり長くならないように配慮します。

*3　第6段落は**結論**にあたる部分です。ここでは，改めてこの**学校を志望する理由**を述べて，締めくくります。

### ◆ 著者からのひとこと

　Aさんはいわゆる「文学少女」だったそうですが，この志望理由書を読むと，幼い頃から絵本に触れ，いつの間にか文学が好きになっていた自分を改めて振り返ることで，**文学を学ぶ重要性に気付いていった過程**がよくわかります。ついつい「文学が好きだから」などというだけで，志望理由を簡単に，あるいは感覚的に捉えがちですが，Aさんはその理由をさらに深く考えてみたのです。ここが，この志望理由書のよいところです。みなさんもなぜその学問分野を学びたいと思ったのか，いま一度改めて**自分自身の過去を振り返りながら考えてみる**とよいでしょう。

### ◆ 文学部・芸術学部・外国語学部系志望者へのアドバイス

　夢を定めた理由を考えていく時に，「文学が好きだから」，「絵が好きだから」，「外国に憧れているから」などという理由を挙げるだけの志望理由書をよく見かけます。しかし，そういった志望理由書はあまり評価されません。そもそもその学部への入学を目指している人ならば，その学問に興味のない人はいないはずです。文学部志望なら文学に，芸術学部系志望なら芸術に，外国語学部志望なら外国や外国語に，それぞれ興味があるのは当たり前です。なのに，「〇〇が好きだから」とか「〇〇に憧れているから」などという理由を挙げるだけでは，他の志願者との違いをアピールできないばかりか，採点者に

「独自性のない内容だ」と判断される恐れがあります。

こういった問題を回避する方法はただひとつです。**なぜその学問が好きなのかということを具体的な体験を通して整理し，考え直すこと**です。例えばAさんの場合は，大好きな絵本に関わる経験を振り返ることを通して，文学の奥深さや楽しさ，筆者の意図や背景を読み取ることで読書の楽しさが広がったことが分かり，それが理由で文学が好きになったことに改めて気付いたのです。

このように，**過去に経験したことを詳細に思い出しながら考えていくこと**で，あなたがいま抱いている「実現したい夢」を持つようになった本質が改めて明確になるはずです。

## Bさんの場合　（鎌倉女子大学児童学部子ども心理学科）

**[自己申告書]**（いずれも字数制限なし）

### 1．本学の建学の精神や教育方針についてのあなたの考え

「感謝と奉仕に生きる人づくり」という教育理念，および，「科学的教養の向上と人格的性情の涵養」という教育目標に共感する。

日本社会にとって必要不可欠なのは，豊かな人間の創出であることを両親や教師が教えてくれた。私もそうなれるよう，日々精進している。そして今後は先人に感謝し，この教えを幼児教育を通して伝えていきたい。そのためには幼児を取り巻く環境や社会と真摯に向き合いつつ，自分自身の人格をより高めていく必要があると考えている。そのような私の意思と貴校の建学の精神は見事に合致するので，共感した。[*1]

## 2．本学を志望した動機

　私は，子供の人格形成に関わる環境を整備できる幼稚園教諭になりたい。
　そもそも人格形成は環境に由来するが，それを構築するのは両親や友人である。彼らの心理を捉え，適切に支援することが人格形成の環境を整える一歩となろう。その基礎を学ぶ環境が私には不可欠だ。貴校では，乳幼児から青年期までの発達過程を段階的に学ぶことができる。その上で，子育てカウンセリングや演習，心理研究を通して，子供と保護者の心理を体得できるようにカリキュラムが組まれている。このような理由から鎌倉女子大学児童学部子ども心理学科を志望するに至った。[*2]

## 3．志望する学科で何を目指すか（将来の進路・希望など）

　子供の人格形成に求められる環境を整備できる幼稚園教諭になりたいと考えている。
　子育て環境の急激な変化により，子供の育成に大きな問題が生じてきている。環境やライフスタイルが，子供や保護者に過度な負担を与えている現状があるからである。また，子供を守ろうとするあまり，必要以上の清潔な環境で育てようとしたり，便利で楽なライフスタイルを定着させたのも一因であろう。私は幼稚園教諭として，これらを解決するための総合的な支援を通して，両親や関係者と共に健全な子供を育てていきたいと考えている。[*3]

## 4．あなた自身の自己アピール

　子供を健全に育てるための環境を提供できる幼稚園教諭になりたいと，強く決意した私をアピールしたい。
　私は絵本の読み聞かせ会のボランティアに参加しているが，読み聞かせは子供の人格形成によい影響を与える。道徳心，社会性，国語力の育成などである。当初，子供と関わる楽しさしか感じることができなかったが，読み聞かせ会の意義を知るにつれて，子供の人格形成の一端を担う責任感とともに，人格はどうやって形作られるのかという点についても興味を抱くようになった。こうして，子供の健全育成の手段や方法を深く学びたいと考えるようになった。将来，私はこういう環境を積極的に提供できる人材になって，これからも社会貢献をしたいと思った。このように決意している私をアピールしたい。[*4]

## 5．高校3年間において，学内（クラブ活動等）または学外の活動で得たこと

　吹奏楽部に所属し，部長として活動した。その活動を通して，あることを成し遂げるためには，環境を整備することが大切であることを教えられた。
　部長として，部全体が一丸となってよい演奏ができるようにするために，いくつかの

ことを提案した。たとえば，先輩が後輩と積極的に対話をする制度や，部内の意見を共有するためのミーティング制度などを提案し，実践した。そうすると，技術習得を積極的にしたいという後輩の意見が挙がった。多くの部員がその意見に共感したので具体化することになり，音楽大学出身の先輩にクリニックをお願いしたこともあった。このような経験から，立場や学年を超えてよい意見を積極的に取り入れることの大切さを学んだ。そして，そういった環境を整備する姿勢が，社会生活をより円滑に成り立たせる上でも求められていることも知った。[*5]

---

* 1 まず最初に結論，つまり建学精神や理念に対する自分の考えを述べます。そのあと，本論としてそのように考える理由を述べます。
* 2 はじめに結論として，本学を志望した動機について述べます。そのあと，本論としてその理由を述べます。
* 3 はじめに結論として，将来の進路や希望についてできるだけ簡潔に述べます。そのあと，本論としてそう考えた理由について述べます。
* 4 まず結論として，自分のどこをアピールするのかについて述べ，そのあと本論としてその根拠について述べます。
* 5 はじめに結論として，どういう活動で，どういうことを得たのかを簡潔に述べます。そのあと本論として，その説明やさらに詳しい内容について述べます。

### ◆ 著者からのひとこと

　Bさんは，幼い頃から幼稚園の先生になることを夢見ていました。子供と接することを最大の喜びとするBさんは，積極的に妹や弟の世話をしたり，絵本の読み聞かせのボランティアに参加したりしました。概して，夢が明確で，かつ，実現したいという気持ちが強い人ほど積極的に行動するものですが，その例に漏れず，積極的に子供と接してきたという**自分の経験をもとに志望理由をじっくり考えている**点がBさんのよいところです。

　ところで，志望理由書ではなく，今回のように自己申告書という書類を提出させる学校もあります。こういった場合も，志望理由書や自己推薦書の内容と同じようなことを書かせるものがほとんどですので，本書の中でいままで練ってきた内容をそのまま応用することができます。

　もう一点，各項目の答案の文章構成に注目してください。今回のケースのように，各項目に使える字数が多くない場合は，少ない字数でもうまく答える工夫をしなければなりません。こういった場合，「結論＋本論」型の構成を用いるのがよい方法です。つまり，答案の最初で設問に対する答えを簡潔に述べます。そして，そのあとに具体的な事例を用いつつ，理由を述べるようにするのです。こうすることで，**採点官に対してあなたが言いたいことが端的に伝わる文章が仕上がります**。Bさんの答案ではそれができています。ぜひ参考にしてください。

◆ **幼稚園教諭・保育士・教員志望者へのアドバイス**

　教育系の志望者によくある答案は，「子供が好きだから」というだけで，教育者を目指す理由が書かれたものです。ボランティアや職業理解をしていても，自分は「いかに子供が好きなのか」だけをアピールすることに終始している答案がとても多いのです。しかし，その状態はあまり好ましくありません。なぜなら，教育者を目指すのであれば，子供が好きであることや子供に関心があるのは，むしろ当然のことでしかありません。だから，それだけを志望理由にした答案を見ても，「独自性がない」とか「安易な志望理由だ」といった低い評価となるでしょう。

　そうならないためには，教育者を目指そうとした思いを，そのもととなる経験とともに理由まできちんと説明できなければなりません。例えばBさんは，ボランティアが楽しいと単純に考えるだけでなく，さらに踏み込んで，**ボランティアや幼児教育の重要性**を客観的に考えています。このように，なぜ子供に対する教育や世話に興味を持ったのか，その社会的意義は何なのかという点にまで考えを深めて，あなたの思いを伝えることが大切なのです。

## Cさんの場合　（東京家政学院大学人文学部人間福祉学科介護福祉専攻）

**[自己紹介文]**（字数制限600〜800字）

**あなたが現在何に関心を持ち，将来何をやりたいか，本専攻で何を学びたいか等について率直に書いてください。**

　私は現在，高齢者が喜ぶ介護とはどのようなものかということについて関心を持っています。将来は貴校で，高齢者の自立した生活を支えられるような介護の技術を学び，それを実践できる介護福祉士になりたいと考えている私を紹介します。[*1]
　私の母は，私が高校1年生の時にヘルパーの資格を取り，現在も活躍しています。時には夜間にも利用者の家を訪問して介護を行う母の姿を見て，介護の仕事に興味を持ち始めました。そして，介護の仕事を知ろうと，母の仕事場について行くことにしました。母は，1日に何軒もの家庭を巡回します。各家庭にいる時間はわずかですが，手際よく

介助をしていきます。そして、おむつやシーツの取替え、買い物、食事の介助を手際よく行っていきました。この体験で驚いたのは、母の会話の多さでした。どの家庭でもお年寄りと会話を交わし、時には冗談や世間話を交えながら要望を聞いていたのです。それを介助に生かし、また要望を聞く、という繰り返しでした。そうやってお年寄りとの結びつきを強くし、信頼を得てきたのだと思い、母を尊敬しました。

ただし、なかには疑問に感じることもありました。母の介護に完全に依存するお年寄りがいたのです。歩くことができるのに棚の上の物を取らせたり、直前までペンを持って書き物をしていたのに、食事になると箸が持てないと言う人もいたりします。母は反論せず、お年寄りの言うとおりに介助を行っていましたが、その時、本当にこれがお年寄りのためになるのだろうかと疑問に思ったのです。今でも母の仕事について行き、介助を手伝っていますが、その答えを出すには専門的な知識と経験が足りません。そのため、こういった人たちの自立支援の方法を学ぶ必要があると強く感じたのです。*2

貴校ではその基礎を学び、高齢社会を生きるお年寄りの自立を促せるような介護福祉士になれるように努力したいと考えています。*3

---

*1 第1段落は序論に相当します。ここでは、「現在何に関心を持っているか」とか「将来何をやりたいか」といった内容に関連づけて自己紹介をします。
*2 2～3段落は本論に当たります。ここでは、介護に関心を持った理由とその説明、および志望の専攻で何を学びたいかを具体的に述べます。
*3 第4段落は結論です。これまで述べてきたことを簡潔にまとめて、締めくくります。

## ◆ 著者からのひとこと

Cさんは、ヘルパーとして働いている母親の姿を見て、介護の道に進もうと考えたということですが、Cさんのよいところは、**自分の足で情報を集めようとした**ところです。自分で直接体験すると、さまざまなことに気付くことができます。Cさんの場合は、母親が対象者とどのようにして信頼関係を築くのかという点に注目することで、母親の存在や仕事を「**社会的に意義のあることだ**」と捉えることができています。このように、単に体験するだけですますとか、調査して満足するというのではなく、その職業や学問にはどういう意義があるのか、あるいは社会にどのように貢献していけるのかという点にまで考えが深められるといいですね。

また、**自分に足りない能力を冷静に考えている**ところもよい点といえるでしょう。受験生のみなさんは、まだ専門的な教育を受けているわけではないので、その能力も未熟です。そこで、夢に近づくためにはどういう知識や経験が足りないのか、それを学校でどうやって補うのかということを考えてみることが必要です。つまり、**未熟な自分を受け入れる勇気と、それを未来に求める強い意志が不可欠なのです。**

ちなみに、今回のように、自己紹介文として論述を求められる場合があります。こういった場合、自己推薦書の書き方にひと工夫を加えるとうまくいきます。すなわち、序論および本論で、「～という私を紹介します」のような表現に変えて主張すればよいの

です。学校側の要求に応じて表現を少し変えるだけで，十分対応できるケースが多いものです。

### ◆ 社会科学系志望者へのアドバイス①

　社会科学系の学部（法学・政治学・経済学・経営学・商学・社会学など）を志望する人の中には，すでに具体的に就きたい職業を「実現したい夢」として定めている人がいるかもしれません。その際に，単に「こういう職業に就きたい」と述べるだけでなく，**「どのような活躍をしたいのか」**ということまで夢に盛り込むことがポイントです。その意味で，Cさんの答案を見てください。Cさんは単に介護福祉士になりたいと述べているのではなく，「高齢者が自立して生活できる支援を通じて，高齢者が喜ぶ介護が実践できる介護福祉士になりたい」と，かなり**詳細に理想像を描いています**。このように，夢の中身をさらに具体的に示すことで，採点官は「ここまで具体的に将来像を描いているのか」と高く評価してくれるに違いありません。そのこと以外にも，**あなた自身にとっても夢を具現化しやすくなる**のではありませんか。

## Dさんの場合　（成蹊大学経済学部）

### [志望理由書]

**1. あなたの将来の夢や将来就きたい職業などについて，自由に書いてください。**
（字数制限なし）

　大学で研究したいと考えている企業利益と組織との関係に関する理論をもとに，企業内で活動できる経営コンサルタントになりたいと考えている。動機は，経営コンサルタント業を営む父を見てきた環境による。健全な人間関係，意見を率直に言い合える職場環境，明確な基準による査定とそれに見合った報酬，確かな経営方針，経営陣や管理職の決断の速さといった要素が組み合わさって初めて，社員個々人の能力が発揮できるとともに人材の流出も防げ，企業に大きな利益をもたらすと考える。私は，将来父の企業を継ぎ，組織が最大の利益をもたらす仕組みを研究していきたい。そしてその手法や理論を社会に発信し，社会貢献できる人間になりたい。これが私の夢である。＊1

**2. あなたが成蹊大学経済学部をなぜ志望したか，また，そこで何を学びたいかについて，1で述べたことと関連付けながら書いてください。**
（600字以内）

　私は企業利益と組織との関係を研究し，その成果を実社会の中で生かしたいと考えている。その研究の場には貴校が最適だと考え，成蹊大学経済学部を志望した。＊2
　私は，父に経済理論の本を借り，よく読んでいる。特に組織と企業利益の関係について知りたかった私は，サイモンの『経営行動』に大きな興味を持った。彼は，企業行動や人間行動はその人間の満足度や要求水準に依存すると説いていた。そうであるならば，企業行動に至る意思決定のプロセスを明らかにし，組織に所属する人間の要求水準を外部から引き上げるアプローチができれば，発生する利益が向上するのではないかと思ったのだ。こうして最大限の利益をもたらす理想的な組織のあり方を先人から学び，理解し，考察して，それを実社会の中で共有できれば，社会に大きな利益をもたらすのではなかろうか。そのためには，先人が築いてきた経済理論を体系的に学んだ上で，企業組織と利益との関係を研究する環境が不可欠である。＊3
　そのような学びの場を探していたところ，系統だった経済理論の学習を通して，現実社会の問題解決手段として有効に活用するスキルを身につけるカリキュラムを有している成蹊大学経済学部と出会った。貴校でそのスキルを身につけ，さらに研究を進めていきたいと考えている。そのことは，父の会社を継ぐ私の将来のためにも有意義であると確信している。以上の理由から成蹊大学経済学部を志望した。＊4

---

＊1　将来の夢や就きたい職業について述べた**結論**のあとに，そのように考えた理由を述べる**本論**を続けます。
＊2　第1段落は序論で，**目指したい夢**と**志望理由**を簡潔明瞭に述べます。

\*3　第2段落は本論で，**組織と企業利益に関心を持った理由とその考察**を論述します。
\*4　第3段落は結論で，**本学部で何を学びたいか**ということと**志望理由**のまとめをします。

### ◆ 著者からのひとこと

　Dさんは，日頃から経済や経営に関する書物をよく読んでいたそうです。その中でも印象に残ったのがサイモンの『経営行動』という本でした。この本を読んでいた頃，Dさんはサッカー部の部長を務めており，組織力をどう高めるかという課題に取り組んでいた最中でもありました。その体験も踏まえて，組織と利益との関係を学びたいと考えたそうです。みなさんも真剣に学問を学ぼうと考えているならば，Dさんのように，大学入学前からでも**その学問に関心を持ってほしい**のです。例えば，志望する学問分野に関する本に目を通すことでもよいですし，日常の生活の中からその学問分野に関連することを見つけて考えてみることでもよいのです。そういったことの積み重ねが**学問への興味をより高め，ひいては志望校への合格へと導いてくれる**のです。

### ◆ 社会科学系志望者へのアドバイス②

　社会科学系の学部（法学・政治学・経済学・経営学・商学・社会学など）を志望する人の中には，学びたい学問を「実現したい夢」に定めている人もいることでしょう。その場合，学びたい学問だけでなく，その学問分野でどういったことを研究したいのか，できるだけ具体的に定めておきましょう。例えばDさんの場合は，単に経済学を学びたいというのではなく，「企業利益と組織との関係」を経済学の視点から考察したいというように，かなり具体的に述べています。このように，将来どういったことを研究をしたいのかという具体的な内容を，「実現したい夢」の中に盛り込んでおくことが大切です。

　また，その学問を学んで，将来，実社会の中でどう生かしたいのかも考えておきましょう。Dさんの場合，最初は経済学を学びたいというのが「実現したい夢」でしたが，自分なりに，どうしたら学びの成果を実社会に生かすことができるかということを，改めて考えてもらいました。そうしたところDさんは，父親の仕事を継ぎ，経営コンサルタントとして活動することで社会へ還元できるだろうと考えた結果を，私に話してくれました。このように，自分の学びたい学問と実社会とを関わらせて述べると（具体的に職業について述べることができればなおよい），採点官に好印象を与えます。そして，あなた自身にとっても，自分が将来どのように活躍したいと思っているかということがはっきりしてくるので，人生設計がしやすくなるというメリットもあります。

## Dさんの場合　（慶應義塾大学総合政策学部）　　　　　　　　　　［併願の例］

[志望理由書]

本塾大学(総合政策学部)を志望した理由，および入学したら何を，どのように学び，実現したいかの入学後の構想を，志望する学部や興味あるクラスターと関連させながら2000字程度にまとめてください。

　私は企業利益と組織との関係を研究し，将来経営コンサルタントとして活動したいと考えている。また，経営コンサルティングの手法を，ソフトウェアの開発を通して社会に発信できる存在になりたい。その学びの場には貴校が最適だと考え，慶應義塾大学総合政策学部を志望した。[*1]

　組織のあり方について興味を抱いたのは，高校の部活動に参加した時である。私はサッカー部の部長だったが，わが部には課題があることに頭を抱えていた。それは連係プレーのまずさであった。互いにプレーの批判をし，それが人格否定にまで発展し，人間関係に亀裂が生じることもしばしばであった。それを試合中に持ち込むため，連係プレーができなくなる。結果としてミスを連発してしまい，結果が残せないのだ。それを感じた私は，風通しのよいチームにする方法を考えた。幹部が積極的に意見を引き出す能力を養うスキルを身につけることから始めた。まずは，傾聴や共感の技法，コーチング理論，アサーション等を学んだ。そして，チームの人間との意思の共有を積極的に行ったのだ。そのうえで，問題解決方法を部員の中で検討できるよう，ファリテーションを実践した。部内ではプレーの方法や人間関係の保ち方など，多くの内容を議論していく。それを健全に保ち，相互理解を促進する手法を身につけ，介入したのだ。すると，徐々に部員も積極的に問題を解決しようと意見を述べるようになるなど，部内の環境も大きく変わってきたのだ。このことから，多種多様な人間が所属する組織を健全にするためには，個人の能力だけでなく，他者との協調や行動に配慮しなければならないことがわかった。

　これは，企業にも当てはまる。経営コンサルタント企業を経営する父は，私に「組織力を高めるための努力は惜しまない」と話してくれたことがある。確かに個人の能力が高いことに越したことはないが，それ以上にどれだけその能力を発揮できる環境にいるかが重要なのだという。例えば，健全な人間関係，意見を率直に言い合える職場環境，明確な査定方法とそれに見合った報酬，確かな経営方針，経営陣や管理職の決断の速さといった要素である。これらが組み合わさって初めて個人の能力が発揮でき，人材の流出が防げ，大きな利益を企業にもたらすそうだ。私は，組織のあり方によって，企業が得る利益が大きく左右されることにとても驚いた。また，経営コンサルタントは最近の人事の動向も視野に入れなければならない。近頃，個人のキャリアを重視する傾向やそれに伴う人材流出が問題となっている。時代に即したコンサルティングが今求められているのだ。

　その頃，父に紹介してもらった経済理論の本を借り，読んでいたところだった。特にサイモンの『経営行動』は大変に興味が持てた1冊である。彼は，企業行動や人間行動

はその人間の満足度や要求水準に依存すると説いていた。そうであるならば，企業行動に至る意思決定のプロセスを明らかにし，組織に所属する人間の要求水準を外部から引き上げるアプローチができれば，発生する利益が向上するのではないかと思ったのだ。こうして最大限の利益をもたらす理想的な組織のあり方を先人から学び，理解し，考察し，それを実社会の中で共有できれば，社会に大きな利益をもたらすのではなかろうか。経営コンサルティングの現場においては，組織の評価に対するアセスメントツールを活用する場面は少なく，コンサルタント個人の能力に頼らざるを得ないのが現状である。ゆえに，先人が築いてきた理論を体系的に学んだうえで，それを多くの人間に共有させることができるツールの開発，つまり，組織と利益との関係の良し悪しを測定するソフトウェアの開発をしていきたいと考えた。そのような学びの場を探していたところ，貴校に出会った。[*2]

　私に必要な能力は主に3つである。1つは組織内の「人」についてであり，組織に所属する人材の特性やその特徴を捉える手法を学ぶことである。次に「組織」についてである。つまり，企業の中の組織やその役割を知り，どういう人材が望まれるのかを考えることである。最後は「コンピュータ技術」である。このソフトウェアは，最終的にはエンドユーザーが簡単に操作できる形で市販したいと考えている。そのために，コンピュータのプログラミング技術や情報スキルを学び，開発に役立つ能力を養いたい。またその基礎として，データ分析や数理科学の手法，経済学・経営学・社会学・心理学などの学習も欠かせない。

　これらの全てを学べるのは貴校だけである。貴校にはキャリア開発分野の系列が存在する。さまざまな組織の特徴を多角的に捉えつつ，ヒューマンキャピタルの考え方を基礎として，組織経営のあり方を研究することができる。また，創造技法科目でプログラミングやナレッジスキルを習得できる。貴校でそのスキルを身につけ，さらに研究を進めていきたい。そのことは，父の会社を継ぐ私の将来のためにも有意義であると確信した。以上の理由から，慶應義塾大学総合政策学部を志望した。[*3]

---

[*1]　第1段落は序論に当たる部分で，**目指したい夢と志望理由**を簡潔に述べます。

[*2]　第2～4段落は本論に当たります。ここでは，**組織と企業利益に関心を持った理由**と，そのことに関する説明を述べます。

[*3]　第5～6段落は結論に当たる部分です。ここでは，**本学部で何を学びたいか**ということをできるだけ具体的に述べるとともに，改めて**志望理由のまとめ**をして締めくくります。

### ◆ 著者からのひとこと

　Dさんは，成蹊大学経済学部だけでなく，慶應義塾大学総合政策学部にも出願し，両方とも見事合格しました。最近ではDさんのように，AO入試・推薦入試を併願する受験生も増えてきました。その際，**志望する学校ごとに「夢を目指す理由」の内容を変える必要はありません。**変える必要があるのは「この学校を志望する理由」だけです。

Dさんの場合も両校の志望理由書の内容で、「夢を目指す理由」は両校ともほぼ同じですが、「この学校を志望する理由」を出願校に応じてアレンジしています。この点に注目してください。

　ところで、Dさんはこの志望理由書を作成する間に、幾度となく思い悩みました。特に、将来継ぐ予定である経営コンサルタントになってどういう仕事をしたいのか、そのイメージがまったくつかめなかった時が辛かったそうです。そこで私は、仕事を通して社会貢献できることはないかを考えてみるように促しました。その際、現場を見たり、父親に直接話を聞いてみたりするようにアドバイスしました（つまり、私はDさんの職業理解の不足を指摘したのです）。その後、父親と何度も話し合ったそうです。また、父親の仕事の現場に足を運び、経営コンサルタントの現状を見てその内容を練ってきました。それが「コンサルティングを支援するソフトウェアの開発」でした。Dさんはサッカー部の部長を務める傍ら、コンピュータに関わる資格を数多く取得したり、各種大会に出場して好成績を修めたりしていましたので、その実績が「実現したい夢」と結びついたというわけです。

　ちなみに、慶応義塾大学総合政策学部・環境情報学部のAO入試に出願するには、数多くの書類を用意しなければなりません。志望理由書だけでなく、活動報告書、プレゼンテーション・シート、実績を証明する別添資料などが主なものです。合格者の多くは、高校時代までに積極的に学内・課外活動を行い、それなりの実績を残しています。それだけでなく、**将来のビジョンを明確に示し**（目指したい「夢」が明確である）、**目的意識を持って進学しよう**とする受験生が合格しています。受験する場合には、そのあたりのことを入念に準備しておく必要があります。

### ◆ 学際系学部志望者へのアドバイス

　近年の社会問題は複雑化しており、1つの学問分野では解決が困難な場合もしばしばです。そういった問題に対して、今までの学問の枠を超え、総合的に研究するのが学際系学部の使命です。例えば、総合政策学部・環境情報学部・国際関係学部・総合科学部などが挙げられます。また、文学部や社会学部などの学科の中に、総合科学系・人間科学系・環境関連の学科やコースが置かれる場合もあります。

　学際系の利点は、**複数の学問を組み合わせて研究することができる**ところですから、Dさんのように、その点を「この学校を志望する理由」として挙げてみるのは非常に有効です。その際、志望校で学べる学問分野を事前にしっかりと調べ、志望理由書の内容に生かすようにします。

# Kさんの場合　（法政大学法学部法律学科）

[事前提出論文]（8000字～16000字・内容は自由）

　これに関してKさんは，『**社会問題としてのいじめの考察**』というタイトルで，以下の要旨で示した内容の論文を書きました。（全文は省略します）

**(要旨)**　自身が受けたいじめ体験や，日本で起こったいじめが原因の自殺事件，独自のアンケート調査の結果などを考察し，いじめの構造を分析した。また，その構造が日本独自のものであることを，世界各地のいじめの現状を調査して明らかにした。その上で，日本の風土や日本人の特性といじめとの関連性を解明しつつ，防止のための法整備の必要性を説いた。

[志望理由書]（800字以内）

提出論文の内容が法律学・政治学専攻とどのように関連しているのかも，必ず述べること。

　私は，社会的弱者を守ることができるような社会の仕組みを作るための基礎を学び，将来，社会のひずみを改善する役目を果たす人間になりたいと思う。そのためには，貴校での学びが不可欠であるので，法政大学法学部法律学科に志願した。[*1]

　私は，事前提出論文でいじめ問題について研究して，日本にはさまざまな差別問題や人権問題が未だに解決されていないということを知った。私たちはそのような問題について日々議論し合っている。しかし日本は法治国家であり，私たちは法律に従って生活している以上，法によって社会的弱者を保護する方策を取らなければ問題解決はできないと考える。

　残念ながら，日本の法律には悪法が多少なりともあるようだ。論文で述べたような旧土人法などがその代表例である。他にも，弱者に非常に不利に働くような憲法や法律の解釈もなされている。例えば，朝日訴訟や堀木訴訟などがそうである。つまり，本来は弱者を守るべき法が，実際には弱者を苦しめている現状があるということだ。[*2, *4]

　こうして，私は論文の執筆を通して，そのような現状を改善する担い手になりたいと考えた。そのためには，市民の自由が守れる社会の基盤を作るための法はどのようなものかを学ぶ必要がある。そして，福祉国家としての日本の中で，市民はどのような法を求めているのかという，民意を吸収する能力を養わなければならないと考えた。そのためには，現状を変えることのみを考えるのではなく，現在の私たちを支える法を根本から見つめ，社会問題と照らし合わせて考えられる力を身につけておく必要がある。

　これらを総合的に学べる大学として，数多い大学の中から法政大学法学部法律学科を志望した。こちらでは基礎的な法律科目が充実しているだけでなく，法と社会との関係を深く学べる講座が数多く設置されている。さらに，社会における差別問題を多角的に考察できる点で最適だ。また，その学びをゼミナールで深化させることも可能である。このように，貴校では幅広く，しかも社会的弱者を保護するための方策についての研究

ができる点で魅力的だと感じている。「自由と自主の精神」を受け継ぎ，本当に市民の自由に役立つ法とその解釈の研究を，将来必ず役立たせたいと思う。*3

---

* 1　第1段落は序論で，**実現したい夢と志望理由**を簡潔に述べます。
* 2　第2〜3段落は本論にあたります。ここでは，**社会的弱者と法との関係に関心を持った理由**と，それについての説明を述べます。
* 3　第4〜5段落は結論です。ここでは，**法律学専攻で何を学びたいか**をできるだけ具体的に述べ，そのあと**志望理由のまとめ**で締めくくります。
* 4　旧土人法は1997年に廃止されました。

◆ 著者からのひとこと

　Kさんとは，実は私（神﨑）のことです。この志望理由書は私が浪人生の頃に提出し，合格を勝ち取った時のものです。私が受験したのは「**論文特別入試**」（現在は廃止）で，事前提出の論文と志望理由書が書類選考の対象となっていました。当時，ＡＯ入試や自己推薦入試などといった公募制の推薦入試を実施する大学は少数でした。ましてや，浪人生が受験できる学校はほとんどありませんでしたので，一般入試を受けるつもりで受験勉強を続けていました。その時に偶然出会ったのが法政大学法学部の論文特別入試でした。そこで，一般入試と並行して提出書類に取り組みました。志望理由書を作成していくにつれて，自分がなぜ大学進学を望んでいるのかが明確になり，一般入試に向けた勉強にも自ずと力が入ったことを覚えています。この時，**受験勉強の必然性が明確になる**ことでモチベーションが高まるのを実感しました。

　この志望理由書では，将来どういった職業に就きたいかが明確になっていません。本当は，**自分の考えていることを実現できる具体的な仕事は何か**，事前に調べて盛り込んでおく必要があったのでしょうね（実は，面接でその点について尋ねられました）。

◆ 浪人生・社会人受験生へのアドバイス

　ＡＯ入試や推薦入試が広まるにつれて，浪人生が受験できる学校も増えてきました。ともすると，浪人生は一般入試で合格することを第一と考えがちですが，**ＡＯ入試や推薦入試も1つのチャンスとして捉えてみてはどうでしょう**。大学によってはＡＯ入試や推薦入試の募集定員を増やしているところもありますから，もしあなたが志望する大学にＡＯ入試や推薦入試があり，成績などの条件を満たしているのであれば，積極的に受験してみることを勧めます。

また，社会人になったが再び大学で学びたいと考えている人にも，門戸を開いている大学もあります。大学を一度卒業している場合には，前の大学で取得した単位を新たに入学する大学の単位に置き換えてくれる制度（**単位認定制度**）もあります。その制度が使えれば履修する科目が減るので，学習の負担も軽減されます。

　そのほか，1年次入学だけでなく，2年次や3年次への**編入学試験**を実施する学校もありますので，入試要項などで調べてみましょう。

● 著者紹介

神﨑　史彦（かんざき　ふみひこ）

　法政大学法学部卒業後，教育系出版社（Z会，第一学習社）・看護医療系予備校（東京アカデミー等）にて小論文・国語の対面指導，教材開発など，一貫して理論的思考能力の育成に携わる。

　また志望理由書・自己推薦書の作成指導，受験生や高校教員向けの講演等，キャリア開発の支援も行っている。理論と経験で裏打ちされた指導が認められ，多くの受験生や教員の支持を得ている。

　現在，LEC東京リーガルマインド専任講師，一橋学院講師，栄光ゼミナールnavio講師，日本キャリアデザイン学会正会員。

　『看護医療職への進学＆就職ガイド』（共著・2004年・KKロングセラーズ），『看護医療技術系の志望理由書の書き方』（2006年・文英堂），『特化型小論文チャレンジノート　看護・福祉・医療編』（2007年・第一学習社），『看護医療技術系の問題集　小論文』（2007年・文英堂）など著書多数。

◆ 連絡先　URL：http://ameblo.jp/fumihiko-kanzaki/
　　　　　email：fumihiko-kanzaki@mail.goo.ne.jp

● デザイン　アトリエ・ウインクル
● イラスト　反保　文江

シグマベスト
文系大学・学部の
志望理由書の書き方

本書の内容を無断で複写(コピー)・複製・転載をすることは，著作権の侵害となり，著作権法違反となりますので，転載等を希望される場合は前もって小社あて許諾を求めてください。

編著者　神﨑　史彦
発行者　益井　英博
印刷所　図書印刷株式会社
発行所　株式会社　文英堂
　　　　東京都新宿区岩戸町17　〒162-0832
　　　　電話(03)3269-4231(代)　振替00170-3-82438
　　　　京都市南区上鳥羽大物町28　〒601-8121
　　　　電話(075)671-3161　振替01010-1-6824

Ⓒ 神﨑史彦　2007　　　Printed in Japan　　● 落丁・乱丁はおとりかえします。

Σ BEST
シグマベスト

AO入試・推薦入試対策
**大学受験 文系大学・学部の志望理由書の書き方**

神﨑史彦 著

合格できる志望理由書をつくるための
# ワークシート

文英堂

ワークシート ①

| ❶ 興味を持った学問 | ❷ なぜ興味を持ったか | ❸ 研究できそうなことがら |
|---|---|---|
|  |  |  |
|  |  |  |
|  |  |  |

上の3つの中から，一番興味のある学問を選んでみましょう。

| ❹ 一番興味を持って研究できそうな学問分野 | その理由 |
|---|---|
|  |  |

実現したい夢

ワークシート ②

☆答えの点数を，☐の中に書き込んでください。

| 1 | 2 | 3 | 4 | 5 | 6 |
|---|---|---|---|---|---|
| + | + | + | + | + | + |
| 7 | 8 | 9 | 10 | 11 | 12 |
| + | + | + | + | + | + |
| 13 | 14 | 15 | 16 | 17 | 18 |
| + | + | + | + | + | + |
| 19 | 20 | 21 | 22 | 23 | 24 |
| + | + | + | + | + | + |
| 25 | 26 | 27 | 28 | 29 | 30 |

縦に点数をたして，下に記入しましょう。

| キツネ | フクロウ | キリギリス | ヒツジ | ライオン | アリ |
|---|---|---|---|---|---|

点数をワークシート③の表に転記しましょう。

ワークシート ③

☆ワークシート②でつけた点数を転記しましょう。

|  | キツネ | フクロウ | キリギリス | ヒツジ | ライオン | アリ |
|---|---|---|---|---|---|---|
| わたしの点数 |  |  |  |  |  |  |
| (　　)が つけた点数 |  |  |  |  |  |  |
| (　　)が つけた点数 |  |  |  |  |  |  |

上の結果から，どれがあなたのタイプに近いといえそうか，検討します。
結果に疑問があるときは，本冊の「動物タイプの解説」を読んで一番近いと感じるものを選んでください。

あなたは何タイプ？？　　○をつけましょう。
キツネ　・　フクロウ　・　キリギリス　・　ヒツジ　・　ライオン　・アリ

仮に決定した仕事の名前を書きましょう。

その仕事の内容を調べてメモしておきましょう。

| 仕事の名前 | どんな仕事？ |
|---|---|
|  |  |

実現したい夢

ワークシート ④

❶ 実現したい夢とは？（学びたい学問分野，就きたい職業）

❷ 夢に関連する出来事を，思いつく限り書いてみましょう。

|  | 身近な体験<br>（本人が直接関係するもの） | 間接体験<br>（他者から聞いたもの） | メディアによる体験<br>（テレビ・新聞・本など<br>から得たもの） |
|---|---|---|---|
| 〜小学校 |  |  |  |
| 中学校 |  |  |  |
| 高校 |  |  |  |

❸ 体験した出来事と夢への関連性を評価してみましょう。自分に大きな影響を与えたと思われる体験（主観で構わない）に☆印をつけましょう。

ワークシート ⑤

❶ いつ，どこでおこった出来事だったか

❷ どんな出来事だったか
- 誰が，どのようなことを行い，どういう結果になったか

❸ その時（もしくはいま），あなたはどう思ったか
- どんな気持ちになったか
- その理由は

❹ 今後どうすべきか
- 継続すべきか，改善すべきか
- その理由は
- 「学びたい学問分野」「就きたい職業」の力を使ったら，どう改善または継続できるか

ワークシート ⑥

❶ いつ,どこでおこった出来事だったか

❷ どんな出来事だったか
- 誰が,どのようなことを行い,どういう結果になったか

❸ その時,(もしくはいま)あなたはどう思ったか
- どんな気持ちになったか
- その理由は

❹ 今後どうすべきか
- 継続すべきか,改善すべきか
- その理由は
- 「学びたい学問分野」「就きたい職業」の力を使ったら,どう改善または継続できるか

ワークシート ⑦

❶ いつ，どこでおこった出来事だったか

❷ どんな出来事だったか
- 誰が，どのようなことを行い，どういう結果になったか

❸ その時，（もしくはいま）あなたはどう思ったか
- どんな気持ちになったか
- その理由は

❹ 今後どうすべきか
- 継続すべきか，改善すべきか
- その理由は
- 「学びたい学問分野」「就きたい職業」の力を使ったら，どう改善または継続できるか

ワークシート ⑧

❶ 受講をしたところはどこか，誰の講義か

❷ どのような講義内容か

❸ 講義を聴いて，プラスに感じたことは
- どういうことを聴いた時か
- どう思ったか
- なぜそう思ったか

❹ 講義を聴いて，イメージと反したことは
- どういうことか
- どう思ったか
- なぜそう思ったか

❺ 本当に夢を実現したいか
- 本当にその学問分野を学びたいと思うか
- なぜそう思うのか

ワークシート ⑨

**❶ 職業体験をしたところはどこか**

**❷ どのような内容か**

**❸ 仕事をしていて（見ていて）プラスに感じたことは**

- どういうことをした（された）時か
- どう思ったか
- なぜそう思ったか

**❹ 仕事をしていて（見ていて）マイナスに感じたことは**

- どういうことをした（された）時か
- どう思ったか
- なぜそう思ったか

**❺ 本当に夢を実現したいか**

- 本当にその職業に就きたいと思うか
- なぜそう思うのか

ワークシート ⑩

❶ 話を伺う研究者や社会人は

❷ 研究や仕事はどのような内容か

❸ 研究や仕事をしていてプラスに感じたことは

- どういうことをした（された）時か
- どう思ったか
- なぜそう思ったか

❹ 研究や仕事をしていてマイナスに感じたことは

- どういうことをした（された）時か
- どう思ったか
- なぜそう思ったか

❺ 本当に夢を実現したいか

- 本当にその学問分野を学びたい，または職業に就きたいと思うか
- なぜそう思うのか

ワークシート ⑪

❶ 文献やインターネットのサイトの名前は

❷ どのような内容か

❸ 研究や仕事をしていくうえで興味深かった点は

- どういう点か
- どう思ったか
- なぜそう思ったか

❹ 研究や仕事をしていくうえでの不足点や疑問点は

- どういう点か
- どう思ったか
- なぜそう思ったか

❺ 本当に夢を実現したいか

- 本当にその学問分野を学びたい，またはその職業に就きたいと思うか
- なぜそう思うのか

ワークシート ⑫

❶ 過去の体験や思考を振り返る

- ワークシート④から⑪をもとに，過去の体験を振り返ったうえで，どのような研究をしたいのか，職業に就いてどのような活躍をしたいのか，といった内容をメモしておきましょう。

❷ 実現したい夢を簡潔にまとめる

- 上のメモをもとに，どのような研究をしたいのか，職業に就いてどのような活躍をしたいのかを一文程度でまとめてみましょう。

ワークシート ⑬

| | 詳しい内容 | 使用する ワークシート |
|---|---|---|
| 夢を得たきっかけ | | ⑤⑥⑦ |
| 夢に至る道のり | | ⑧⑨⑩⑪ |
| 実現したい夢 | | ⑫ |

ワークシート ⑭

❶ どういう理念があるか

| 理念 | |
|---|---|

❷ 教育の特徴・設備の特徴・就職支援の特徴はあるか

| 学習環境 | |
|---|---|

❸ どんな先生や先輩がいるか
　どういう点で理念を継承しているか，またはどういう指導や研究でたけているか

| 人材 | |
|---|---|

ワークシート ⑮

| ❶ 夢の実現に必要な能力 | ❷ 志望する学校ではどうやって満たせるか | ❸ 評価 |
|---|---|---|
|  |  |  |

| ❸ この学校で夢が実現できるか | その理由は |
|---|---|
|  |  |

ワークシート ⑯

| | 詳しい内容 | 使用する ワークシート |
|---|---|---|
| 実現したい夢 | | ⑫ |
| この学校では、このように夢を実現できる | | ⑮ |
| この学校を志望する理由 | | ⑮ |

*B*